워킹맘이 아닙니다
드림맘입니다

일과 육아, 그 소중한 꿈 사이에서

워킹맘이 아닙니다
드림맘입니다

● 윤명숙 지음

들어가는 글

시련이 와도 엄마는 엄마다

요즘 시련의 시대라 말할 수 있을 만큼 힘든 시대이다. 많은 가정이 시련의 바람 탓에 힘들어한다. 가장의 사업실패, 실직 등으로 고통을 겪는 가정이 많다. 하지만 그것은 어른의 문제다. 아이가 영향을 받지 않을 수는 없겠지만, 그것을 최소화해야 한다. 닥친 문제로 고민하다 보면 아이는 뒷전으로 밀려나기 쉽다. 그러면 아이는 돌이킬 수 없는 상처를 받게 된다.

아이의 성장기는 인생을 좌우할 만큼 중요하다. 그렇기에 힘들수록 아이에게 더 큰 관심을 가져야 한다. 어른의 상황이 어떻든지 아이가 씩씩하게 자랄 수 있게 돌보아야 한다. 아이는 부모의 사랑을 받을 권리를 가지고 세상에 태어난 존재다. 부모는 신이 대신 아이를 보살피라고 보낸 사람이다. 그렇기에 부모가 아무리 힘들다 하더라도 아이에게 소홀해서는 안 된다.

아이에게는 돈이 아니라 부모의 사랑이 필요하다. 사랑은 돈이 없어도 줄 수 있다. 시련은 극복의 문제지 좌절의 문제가 아니다. 부모가 시련에 좌절하지 않고 극복하는 모습을 보여준다면, 아이에게도 귀한 교육이 될 것이다. 교육을 받은 아이는 어른이 되어 똑같은 시련을 맞았을 때 그것을 극복할 수 있는 힘을 발휘할 수 있다. 그렇게 하기 위한 비결이 하나 있다. 바로 '꿈'이다.

세 딸을 둔 나는 평범한 엄마였다. 부자로 살지는 못했지만 돈에 쪼들리는 삶을 살지는 않았다. 아이들도 여느 아이들처럼 씩씩하게 잘 자라주었다. 그런데 남편의 사업 실패로 한순간에 옥탑방으로 이사를 가야 했다. 아이의 학비를 마련 못해 눈물 흘릴 정도로 궁핍해졌다. 하지만 내가 눈물을 흘려도 아이의 눈에서 눈물을 흘리게 할 수는 없었다. 엄마라는 나무가 흔들리면 아이는 열매를 맺을 수 없기 때문이다.

남편의 사업 실패는 태풍과도 같은 시련이었다. 그 시련 속에서도 나는 세 아이와 함께 매주 목욕탕에 가서 이야기를 나누었다. 우리는 그것을 '목욕탕 토크'라 불렀다. 대화하면서 서로를 더 이해했고, 어려운 일은 힘을 합쳐 해결하려 했다. 목욕탕 토크는 우리에게 시련을 치유하는 약이었다.

나의 꿈을 아이들에게 들려주고 함께 이야기하는 꿈꾸는 놀이를 하면서 아이들의 꿈을 키워주려고 했다. 힘든 시기였지만 아이들과 함께 꿈을 꾸면서 희망을 보았다. 나는 아이들의 꿈을 지켜주는 드림맘이 되기로 결심했다.

시련이 와도 엄마는 엄마다. 엄마라는 이름은 포기할 수도 없고, 포기해서도 안 되는 이름이다. 어떻게든 버텨 꽃을 피워야 한다. 나무에는 꽃이 피고 난 이후에야 열매가 달린다. 시련의 바람은 인내의 뿌리까지 흔들었지만, 그래도 나는 올곧게 서서 아이들의 바람막이가 되어주었다. 그 꽃피움의 시간이 흘러 이제 아이들이 열매를 맺었다. 셋 모두 대학을 졸업하고 각자의 자리에서 성숙한 어른으로 살아간다.

지금은 누구나 어려움을 겪으며 살고 있다. 문제가 하나도 없는 가정은 없을 것이다. 단지 문제의 색깔만 다를 뿐이다. 하지만 분명한 것은 답이 없는 문제는 없다는 것이며, 그 문제를 어떻게 대처하느냐에 따라 한 단계 더 도약하는 기회가 되기도 한다는 사실이다.

무엇을 위하여 살아가는가? 행복을 위해서다.

그렇다면 아이가 행복하지 않은데 부모가 행복할 수 있겠는가? 부모가 행복해지기 위해서라도 먼저 아이를 행복하게 해주자. 경제 사정이 나아지면 그때 행복할 거라고 생각하지 말자. 형편이 어렵더라도 지금 행복해지자. 어떤 상황이라도 행복은 의미부여 하기 나름이다. 지금 행복해야 미래에도 행복할 수 있다. 어려운 상황이더라도 행복하기 위해 아이에게 더 많은 관심을 주자. 그것이 아이를 사랑하는 방법이며, 행복해지는 방법이며, 어려움을 이겨내는 방법이다.

모든 엄마는 자기 아이가 세상에서 가장 행복하길 원한다. 그래서 할 수 있는 만큼 애정도, 물질도 쏟아붓는다. 그럼에도 아이는 장성해서 불평을 늘어놓기 십상이다. 무엇이 부족했느니, 이런 점은 섭섭했느니, 엄마가 이렇게 해주지 않아서 이렇게 되었다느니, 말들이 많다.

그럴 때 엄마는 허탈해진다. 인생이 고달프다는 생각을 하게 된다.

'할 만큼 했는데 왜 저 녀석은 만족하지 못하는 거야?'

그런데 그렇게 불평하는 자녀일수록 아직 독립하지 못한 경우가 많다. 겉으로는 독립했더라도 속으로는 불완전한 경우 또한 많다. 그러면 엄마는 또 머리를 싸맨다.

'왜 다른 집 아이는 성공하고 자리를 잘 잡았는데, 우리 아이는 성인이 되어도 아직 독립조차 제대로 못하는 걸까? 내가 뭘 잘못했나?'

이렇게 자책까지 한다. 이것이 우리 세대 평범한 엄마들의 모습이다. 여전히 우리 세대 엄마들을 자신을 책망한다. 물론 책임이 아주 없지는 않다. 자식의 관점이 아닌 엄마의 관점으로 양육한 책임이다. 아이의 꿈을 키워주는 드림맘이 되기보다는 자신의 꿈을 강요했기 때문이다.

나는 세 딸을 키우면서 딸들의 관점을 많이 생각했다. 공감하기도 했고, 부대끼기도 했다. 그러는 사이 딸들도 엄마의 관점을 생각할 수 있었고, 그러면서 서로 성장할 수 있었다. 어느덧 세 딸들 모두 어른이 되었다. 그중 큰딸은 자신의 아이를 기르는 어엿한 엄마가 되기도 했다. 어느 날 큰딸이 그랬다.

"엄마가 우리한테 썼던 양육 방식을 요즘 젊은 엄마들한테 알려주면 좋겠어."

그 제안이 이 책을 태어나게 만들었다. 특별하지도, 전문적이지도 않은 이야기라서 망설이기도 했지만, 이 시대의 엄마들에게 조금이라도 보탬이 되지 않을까 하는 바람에서 이 책을 썼다.

일터에서, 집 안에서 일과 육아의 균형을 잡기 위해 애쓰는 엄마들을 보면 안쓰럽다. 특히 요즘처럼 불안한 세상에서는 직장에서 있어도 마음은 아이 곁을 맴도는 워킹맘이 한둘이 아닐 것이다. 자신의 꿈과 아이의 미래 사이에서 갈등하는 모든 엄마들에게 내 경험을 바탕으로 간절히 하고 싶은 말이 있다. 아이의 꿈을 키우면 엄마와 아이가 함께 성장할 수 있다.

각자의 자리에서 이 순간에도 고군분투하고 있는 세상의 모든 엄마들에게 응원을 보낸다.

차례

들어가는 글 4

chapter 1 아이의 마음속에 살아 있는 엄마

엄마의 부재와 엄마의 숙제 16
너의 결과보다 과정을 인정할게 23
아무도 알 수 없는 가능성의 폭 30
답을 주는 대신 생각할 시간을 줄게 35
간섭은 NO, 가이드라인은 YES 39
엄마의 용기가 아이를 움직인다 46

chapter 2 시련은 엄마와 세 딸을 동지로 만들었다

딸과 엄마의 진실 게임 54
외동딸에서 세 아이 엄마로 61
네게 주는 선물은 엄마의 응원이야 68
우린 반드시 잘해낼 거야 72
불행이 나를 멈추게 할 때 78

chapter 3 빨리 가는 아이보다 완주하는 아이로 키우기

스스로 설 수 있어야 걸을 수 있다 86
자녀의 길을 열어주는 엄마의 선택 93
네가 근사한 어른으로 자라기를 바라기에 100
기적을 만들어 내는 생각 105
우리 다 함께 목욕탕 가요 112
역시 우리 두나는 천재야 118
내일을 위한 우리들의 처방전 124

chapter 4 **아이는 엄마의 뒷모습을 보고 자란다**

너희가 있어서 엄마도 잘 자랄 수 있었어 132
숙이, 오늘도 행복해? 138
엄마도 힘들지만 영웅이 될게 143
엄마, 잘될 수 있을까요? 149

chapter 5 **지금은 엄마의 시간입니다**

지금 버킷리스트를 실행하는 중이란다 156
엄마도 소중하니까 162
진흙탕에서 피어난 수련처럼 167
세나는 잘하고 있었다 173
딸에게 찾아가는 엄마의 운명 179

chapter 6 함께 준비하는 독립의 그날

나는 독립할 준비가 되었다 186

감사합니다, 날마다 191

나비를 키우는 나비 195

부모의 독립 운동이 필요한 시대 201

시집을 갔으니 지혜롭거라 206

방황하고, 꿈꾸고, 창업하고 211

세 번째 스무 살의 다짐 216

엄마, 꽃구경 가요 220

끝맺는 말 224

chapter 1

아이의 마음속에 살아 있는 엄마

엄마의 부재와 엄마의 숙제

"신은 어느 곳에나 있을 수 없어서 엄마를 대신 만들어 주었다."

어렸을 때 읽은 글이다. 그때는 그 뜻이 제대로 이해가 되지 않았지만, 자녀를 키우면서, 엄마인 내게 이보다 더 위로가 되는 말도 없었다. 세 아이를 키우다 보니 각자의 개성도 달랐고, 요구도 달랐다. 반응도 달라야 했고, 보상 또한 달라야 했다.

큰아이가 초등학교 1학년 무렵, 학교 앞 문방구에서 파는 쫀드기라는 불량식품을 너무 먹고 싶어 했다. 하지만 아이에게 먹일 수가 없었다. 워킹맘이기에 혹시 아이가 몰래 먹는지 잘 관찰할 수도 없었다. 그래서 늘 하나님을 팔았다.

"엄마가 없는 시간에도 하나님께서 항상 네 옆에 계셔서 너를 지켜주시고, 네가 뭘 먹는지 하루 일과를 엄마에게 다 일러주신다."

나는 이 말을 하며 스스로 위안을 받았다. 하지만 훗날 아이는 공포에 떨었다고 고백했다. 문방구에 발을 들여놓았다 뺐다 수없이 반복했다는 것이다. 이렇게라도 아이를 지키고 싶었다. 아이를 잘 키우고 싶어 여러 가지 방법을 동원했던 것이다. 온순하고 겁이 많았던 아이는 아파트 문을 열 때도 혼자라는 두려움에 하나님이 자신의 옆에 있다고 생각하며 두려움을 달랬다고 한다. 혼자만의 시간이 너무 두려웠다는 말에 가슴이 아팠다. 그 때문인지 아이는 장래희망이 워킹맘이 아닌 현모양처였다.

지금 큰딸은 엄마가 되었다. 결혼과 동시에 아이를 가져 과감하게 퇴사를 했고, 온전히 육아에만 힘쓰고 있다. 취업하기 힘든 시대에 직장을 그만두고 육아에 전념한다는 것이 아쉽기도 했지만, 큰딸은 어릴 때 혼자 있었던 시간이 너무 싫었기에 자기 아이에겐 온전히 '엄마의 시간'을 할애하고 싶다고 했다. 딸의 선택이니 존중해주어야 한다고 생각했다.

그런데 얼마 전 큰딸이 그랬다.

"엄마, 내가 잘한 걸까요? 시간이 지날수록 아이만 키우고 사는 내가 너무 무가치하게 느껴져요."

자신이 무능해지는 것 같고, 다른 사람보다 뒤처질지도 모른다는 불안감에 우울하다는 것이다. 그 말을 듣고 조용히 딸에게 말했다.

"지금 네가 겪는 불안감은 당연한 거고, 다시 옛날의 자리에 꼭 돌아가야 할 이유가 있을까? 회사는 이윤을 추구하는 곳이기에 언제든 너보다 좋은 조건의 사람을 선택하기 마련이다. 지금 네가 처한 상황에서 몇 년 후 달라져 있을 상황에 대비하는 훈련을 쌓는 것이 불안해하는 것보다 더 좋은 선택이 아니겠니?"

또 이렇게 위로했다.

"너는 지금 직장을 그만둔 것이 아니야, 김 모씨 주식회사로 이직을 한 거지. 지금 김서진이란 제품을 기가 막히게 잘 키워내고 있는 거야. 그래서 상사에게 능력을 인정받고 있지 않니?"

그렇게 말하고는 급여를 받을 것을 제안했다. 그 방법은 사위 통장에서 예전 받던 월급만큼 딸의 통장으로 매월 이체를 하는 것이다. 그게 그거겠지만, 큰딸은 감사하게도 실행하고 있다. 네 살 된 손자와 힘들지만 의미 있게 하루하루를 보내고 있다.

얼마 전 큰딸이 이웃 친구 가족과 외식을 하러 갔다고 한다. 그곳에서 정신없이 뛰어다니는 다른 아이를 보고 진서가 그랬단다.

"엄마, 식당에서는 조용히 밥 먹어야지, 뛰는 거 아니지요?"

큰딸은 진서의 이야기를 전하며 은근히 자랑을 했다. 자랑할 만했다. 큰딸은 언제나 자식이 최우선이지만, 그래도 남을 배려할 줄 아는 아이로 키우려고 애썼다.

세 딸은 내 자식들인데도 다 같지가 않았다. 둘째 딸은 말이 늦어 걱정을 많이 했다. 초등학교 입학 뒤에도 반 아이들보다 조금 뒤처진다고 생각했다. 인정하고 싶지는 않았지만, 그것이 사실이었다. 다행히 이웃집 아이와 비교하는 일은 하지 않았다. 자존감이 조금은 낮아 보였지만 분명히 잘하는 무언가가 있을 거라고 믿었고, 그것을 찾아

전업 엄마든 워킹맘이든
아이의 마음속에 살아 있는 엄마가 되어야 한다.
그래야 아이들은 마음 놓고 자랄 수 있다.

내는 쪽으로 방향을 돌렸다. 그래도 둘째 딸은 어린 시절 엄마의 부재에도 큰 흔들림이 없었다. 생각해보면 참 대견하다. 그런데 다 큰 뒤에 보니 트리플 A형처럼 소심한 면이 많았다. 나한테 반전의 재미를 준 것이다.

자존감을 높여 주고 싶어서 둘째가 초등학교 입학을 하자 4월경, 담임선생님을 찾아갔다. 그리고 선생님에게 부탁했다.

"우리 아이가 혹시 복도에 떨어진 휴지라도 주우면 칭찬해 주세요."

그날 저녁 나는 둘째에게 말했다.

"학교에 가보니 복도에 휴지가 많았어. 그런데 아무도 줍는 친구가 없어서 안타까웠단다."

다음 날, 둘째는 한 번도 눈여겨보지 않던 복도를 혼자 다 청소했다. 그리고 선생님의 칭찬을 받고는 자존감이 한 뼘은 커서 돌아왔다.

또 이런 일도 있었다. 받아쓰기를 80점 맞은 친구가 집에 가서 엄마에게 매를 두 대 맞는다는 소리에 40점 맞은 둘째가 흐느끼며 전화를 했다.

"엄마, 저 오늘 몇 대 맞아요?"

그때는 엄마들이 사랑의 매를 곧잘 들던 시절이었다. 어릴 때부터 우리 아이들 눈에는 내가 참 똑똑한 엄마로 보였던 것 같다. 이럴 땐 어쩔 수 없이 난 기가 막힌 연기자로 변신해야 했다.

"엄마가 비밀 얘기해 줄 건데, 지켜줄 수 있지?"

자기와 엄마 둘만의 비밀이라는 얘기는 둘째를 충분히 가슴 뛰게 했다.

"사실은 엄마 1학년 때 받아쓰기 20점도 맞았어."

둘째의 놀라운 반응이 왔다. 방금까지 울음 섞인 목소리는 어느새 청아해지기까지 했다.

"그렇게 못해도 크면 엄마처럼 똑똑해질 수 있어요?"

20점이라는 점수에 둘째는 충격을 받은 것 같고, 자신도 하면 할 수 있다는 마음을 먹은 것 같다. 나에게서 두 번 세 번 다른 가족에게 비밀 유지를 당부받은 둘째는 의기양양했다. 얼른 남편에게 전화해서 이 슬픈 연극을 전했다. 낮에 이런 일이 있었으니, 혹시 퇴근 후에 말조심하라고 말이다.

아이를 키우면서 두려움도 있었다. 어떻게 키워야 아이가 행복하게 세상을 살 수 있을까 매일 고민했다. 나름 세워둔 원칙은 누구에게도 공평해야 했고, 응원은 해주되 이유가 분명해야 했고, 엄마이기 때문에 미루는 일은 없어야 했다.

자고 나면 달라져 있어서 속도도 실감 못하는 시대에 우리는 살고 있다. 그런 시대에서 엄마는 최선을 다해 아이를 키워야 하는 숙제를 안고 살아간다. 아이들이 엄마를 선택하지 않았기에 그 숙제는 안타깝지만 엄마 몫이다. 그런데 많은 엄마들이 여러 가지 사정으로 인해 아이와 충분히 함께하지 못한다. 엄마의 부재는 어떤 아이도 원치 않는다는 것을 깊이 생각해보아야 한다. 최선책이 아니면 차선책이라도 심도 있게 고민해야 한다. 그리고 그 기준은 '아이의 행복'이 되어야 한다.

성장기 아이의 행복은 인생을 좌우한다. 어른이 되어서도 그때 행복한 기억을 가지고 살아가기 때문이다. 어른이 되어서 불행한 상황을 맞이하더라도 어린 시절의 행복한 기억은 행복한 상태로 돌아가려는 '회복 탄력성'을 발휘한다. 그런데 행복한 기억이 부족하면 이 회복 탄력성이 떨어져서 불행한 상황에서 헤어나기 어렵게 된다. 어릴 때부터 불행했기에 어른이 되어서도 불행한 상황은 당연한 것으로 여겨버린다. 그러므로 아이에게는 행복하게 사는 것이 당연한 것이 되어야 한다. 세 살 버릇 여든까지 간다는 말이 있다. 그 말에 빗대어 세 살 행복이 여든까지 간다는 말을 하고 싶다.

워킹맘으로 아이를 키우면서 이런 사실을 절감했다. 그래서 어떤 일을 결정하는 데 있어 어떻게 하면 아이가 행복할 수 있을까를 판단의 기준으로 삼았다. 비록 함께하는 물리적인 시간은 부족하더라도 아이의 마음속에 엄마가 항상 함께하고 있다는 인식을 심어주려 애썼다. 전업 엄마든 워킹맘이든 아이의 마음속에 살아 있는 엄마가 되어야 한다. 그래야 아이들은 마음 놓고 자랄 수 있다.

너의 결과보다 과정을 인정할게

어릴 때부터 공부를 채근당해보거나, 부모님께 공부를 못한다고 야단맞아본 기억이 없다. 그분들이 관대해서라기보다는 여자인 딸에게 공부란 그리 중요한 것이 아니라 여긴 탓이다. 고작 내가 들은 말은 공부를 잘해야 훌륭한 사람이 된다는 것 정도였다. 훌륭한 사람은 뭘 하는 사람일까 궁금했다. 초등학교 시절 나의 궁금증은 지금 생각해도 웃음이 난다. 대통령 월급은 누가 주는지, 과학자나 발명가는 월급도 없을 텐데 뭘 먹고 사는지 너무 궁금했다.

터울이 많이 지는 두 오빠는 공부를 뛰어나게 잘했다. 광산촌이라는 환경에서 모두가 고만고만하게 살았으니, 공부 잘하는 두 오빠는 엄마 아버지의 자랑거리가 아닐 수 없었다. 어느 날 학습지 영업을 하는 사람이 집에 찾아왔다. 그분이 엄마에게 설명을 줄줄 늘어놓았다. 옆에서 그 말을 듣고 있던 나는 저 학습지만 할 수 있다면 오빠들처럼 일등을 내리 할 수 있을 것 같다는 생각이 들었다. 일등을 할 수 있다는 생각에 가슴이 콩콩 뛰었다. 망설이는 엄마를 졸라 학습지를 하게 되었다. 일주일에 한 번 오는 학습지를 나는 눈이 빠져라 기다렸다. 학습지 덕분인지, 사회를 100점 맞았다. 그날 하교하는 내 발걸음은 구름 위를 걷는 것 같았다. 대문을 박차고 신발을 공중 부양시키며 소리쳤다.

"엄마, 나 사회 100점 맞았어. 그래서 가슴이 벌렁벌렁 했어."

엄마 아버지는 즐거워했다. 딸이 100점 맞아서 즐거워했다기보다는 100점 맞았다고 호들갑 떠는 딸의 모습에 즐거워했던 것 같다. 실제로 나는 아버지를 돌아가시는 그날까지 즐겁게 해드렸다. 아버지는 심심하면 그때 일을 꺼내면서 지금은 가슴이 벌렁거리지 않느냐고 물었다. 심지어 손녀들한테까지도 이런 말을 하면서 웃었다.

"네 엄마, 100점 한 번 맞고 가슴이 벌렁거렸단다."

그 시절만 해도 여자가, 특히 시골 여자가, 대학 가는 일은 흔치 않았다. 아니 집에서 보낼 생각조차 하지 않았다. 공부를 월등히 잘하는 오빠들의 대학 진학은 누가 봐도 당연한 일이었지만, 딸인 나는 적당히 고등학교 졸업하고 시집보내는 것이 부모님의 최대 목표였다. 그 때문에 나의 대학 졸업 분투기는 참 눈물겨웠다.

결혼해서 딸을 세 살, 두 살 터울로 낳았다. 성장기 때 부모님께서 채근하지 않아도 적당히 체면 유지할 만한 성적은 거두었기에, 내 딸들도 공부는 자동으로 잘하리라 믿었다. 세월이 바뀌어 온갖 교육적 환경이 난무한 시대였지만, 남들이 시킨다고 무분별하게 공부로 아이들을 엮지는 않았다. 돌이켜 생각해봐도 살면서 내가 한 일 중 가장 잘한 일인 것 같다.

공부하는 학생에게 공부를 닦달하지 않으니 이보다 더 천사 같은 엄마가 어디 있을까? 대신 난 나만의 비워진 공부 욕구를 채우느라 여념이 없었다. 어느 날 막내딸이 내게 물었다.

"엄마, 공부가 재미있어요?"

"아니, 재미는 없는데, 공부 안 하면 배가 고픈 느낌과 똑같은 느낌이 들어."

막내는 아리송했던지 고개만 갸우뚱거렸다.

저마다 잘하는 것이 따로 있을 거라 믿었다. 세 딸들이 자라면 감성이 충만한 사람이 잘 살 수 있는 시대가 올 것 같았다. 여자아이들이다 보니 악기 한 가지씩을 가르쳐, 트리오로 연주하는 장면을 상상했다. 생각만 해도 가슴이 '벌렁벌렁'거렸다. 피아노 학원에 셋을 입학시켰다. 방과 후 자신들만의 시간으로 채워주자는 계산도 있었다. 피아노 학원 선생님의 열띤 반응과 달리 우리 아이들의 반응은 시큰둥했다. 선생님은 곧 우리 동네에 모차르트가 탄생할 것처럼 말을 했는데, 아이들은 전혀 행복해하질 않았다. 내가 기대했던 것과 달리 음악에 별 소질들이 없었나 보다. 결국 나는 트리오 환상 연주회의 꿈을 접어야 했다.

훗날 아이들의 입에서 나온 말을 듣고 심히 가슴이 아팠다. 이 방 저 방 피아노 치는 아이들을 보살피느라 그랬겠지만, 내게 모차르트를 운운하던 선생님은 틀렸다고 아이의 손가락을 작은 북채로 때렸다고 했다. 선생님은 단지 아이들의 손가락을 때린 것이지만, 아이들은 꿈을 매 맞은 것이나 다름없었다. 한 번도 매질 없이 자란 아이들이 옆 친구와 비교를 당해 가며 손가락을 맞았을 때 기분이 어땠을까? 시간이 한참 흐른 뒤에 들은 이야기였지만 너무 속이 상했다. 이런 상황은 일하는 엄마라면 한번쯤 겪을 일이다. 그래서 마음의 짐으로 남는 일이다. 많은 시간을 함께해주지 못해서 막아주지 못한 상처. 그 상처를 나도 짐처럼 짊어져야 했던 것이다.

연주회의 꿈을 접은 뒤 또 하나의 원칙을 세웠다. 양으로 승부하기보다는 질로 승부하기로. 퇴근 후 세 아이의 일과를 순번을 정해서 듣기로 했다. 때론 남편이 방해가 되어 남편의 귀가를 늦추기도 했다. 아이들은 숙제서부터 친구 이야기, 다른 반 친구 이야기까지 고장 난 녹음기처럼 뱉어냈다. 때로 아이의 순번이 달라지면 난리가 나기도 했다.

어느 날 장염인지 퇴근 후 화장실로 직행을 했다. 시간이 길어지자 아이들이 화장실에 들어가면 안 되냐고 물었고, 괜찮다고 들어오라고 했다. 욕조에 셋이 쪼르륵 앉아, 냄새 나는 환경엔 신경 쓰지 않고, 자기들의 이야기를 풀어나갔다. 그때 내 머릿속에 또 불안한 생각이 스쳐갔다.

'내 교육 방식은 성적으로 나타나는 것이 아닌데, 대학 졸업 후 사회에 나갔을 때나 비로소 빛을 발할 수 있을 텐데, 과연 지금 잘하고 있는 걸까?'

지금 나는 감히 잘했다고 말할 수 있다. 세 딸들이 일등 한번 한

적 없고, 남들이 부러워하는 일류 대학을 나오진 않았지만, 각자 자기가 원하는 일을 하고, 예의 바르고 배려 잘하는 품위 있는 딸들로 자라주었기 때문이다.

믿어준다는 것이 생각보다 쉽지는 않았다. 학원을 몇 개 더 보내는 게 맞을까? 아니면 과외 선생님을 더 붙여 볼까? 남들하고 다를 바 없이 나도 우왕좌왕했다. 그 당시 유행했던 유명학원은 일 년치 학원비를 한꺼번에 받았다. 그래도 그 학원에 입학시키는 것이 무슨 벼슬하는 것 같았다. 중학교 2학년 때 큰아이를 그 학원에 등록시켰는데, 마치 학원이 우리 아이 인생을 책임져줄 것이라는 생각까지 했다. 그래서 교육을 일임하고 맘 편히 두어 달을 보내기도 했다.

시간이 흐르면서 아이는 친구들과의 공동체 놀이터로 학원을 활용했다. 또래에서 배제당하고 싶지 않은 이유가 가장 컸다. 어떤 집안이든 맏이에게 갖는 욕심이나 기대는 남다르다. 나 역시 별반 차이가 없었다. 기대했던 것보다 학원이 아이에게 맞지 않는 것 같았다. 학원을 정리하고 과목별 유명 선생님을 집으로 초대했다. 그러자 곧잘 좋은 성적을 냈다. 나는 잘한 선택이었다고 자부했다. 방학 때는 음악 필기 과외까지 시켰다. 나도 모르게 극성 엄마 반열에 올랐고, 그런 자신을 자못 흐뭇해하기까지 했다. 하지만 예상 못한 일이 일어났다. 유난히 책 읽기를 좋아했던 큰딸이 독서에 영 흥미를 보이지 않았다. 공부 열의도 뚝 떨어졌다. 애가 탔다. 어렸을 때 내가 궁핍했던 공부에 보상이라도 받으려는 듯 쏟아부었는데, 막상 딸이 공부를 멀리하려는 모습을 보이니 서운하기까지 했다.

그런 중에 큰딸은 중학교 3학년이 되었다. 희망 고등학교 진학과 관련한 상담을 위해 학교에 불려갔다. 그런데 그곳에서 자존심을 깊이 다쳤다. 오히려 담임선생님이 미안해했다. 엄마의 관심과 열정과 무관하게 아이 성적이 좋질 않았다. 딸이 가고자 하는, 아니 내가 보내고 싶은 고등학교는 기적이 일어나지 않는 한 불가능했다. 심호흡을 했다. 머리를 조아리는 큰딸을 어루만졌다.

"우리 기적을 만들어보자. 엄마가 바빠서 널 잘 살펴주지 못한 탓이야. 지금부터라도 우리 달마다 체크해서 한 달에 모의고사 10점씩만 올리자. 그럼 9월까지는 목표치에 도달할 거야."

미심쩍은 눈으로 큰딸이 날 쳐다보며 물었다.

"가능할까요?"

"가능하지. 넌 엄마 딸이잖니?"

자포자기하던 큰딸은 그날부터 힘을 내줬다. 드디어 원서 쓰는 달, 5점 정도 점수가 모자랐다. 아까웠지만 엄마가 욕심을 버려야 할 순간이라는 것을 깨달았다. 그것이 딸을 위한 길이었다. 나는 망설임 없이 바로 하위 학교에 일등으로 원서를 접수했다. 딸은 미안해했지만, 최선을 다해준 딸에게 나는 칭찬을 보냈다.

"고마워. 고생했어."

아이를 키우면서 많은 엄마들이 결과에 몰두한다. 나 역시 그랬다. 하지만 이 일을 통해 결과보다 중요한 것은 과정이라는 단순한 진리를 깨달았다. 과정을 인정해주는 것은 자녀에게 자신감을 불어넣어주는 일이라는 것을 알게 되었다. 과정을 인정받은 아이는 다음에 어떤 일이 다가오든 자신감 있게 맞설 수 있다.

과정을 인정해주는 것. 그것은 바로 믿어주는 것이다. 믿음에는 부모의 욕심을 억누르는 인내가 요구된다. 어차피 인생은 긴 것이므로 부모는 조급하게 아이를 몰아붙일 필요가 없다. 엄마의 존재는 그냥 바라봐 주는 사람이다. 바라보다가 자녀가 힘들어할 때 손잡아 주면 그만이다.

아무도 알 수 없는 가능성의 폭

가능성의 폭은 아무도 모른다. 큰아이가 5학년, 둘째가 2학년 때 새 아파트로 이사를 했다. 새 아파트 담을 경계로 새 초등학교도 생겼다. 그 때문에 학교도 교육청도 긴장을 했다. 혹시나 있을 치맛바람을 방지하고자, 개교 일주일 만에 반장 및 학교 운영위원을 선출한다는 통신문이 왔다.

20여 년 전인 그 시절 학교에 지나치게 많은 관심을 갖는 학부형이 종종 있었다. 전학을 온 우리 아이들에겐 이전 학교에서 사귄 친구보다 낯선 친구가 압도적으로 더 많았다. 약간은 소심한 큰아이는 기존 학교에서 줄곧 반장을 자의 반, 타의 반으로 맡아오고 있었으므로, 반장 선거 출마는 당연한 일로 여겨 연설문을 작성하며 준비를 했다. 문제는 둘째였다. 어느 날 저녁, 자기도 반장 선거에 나가겠다고 선포 아닌 선포를 했다. 말은 안 했지만 미심쩍은 눈빛으로 바라봤다. 내 머릿속엔 1학년 때 받아쓰기 성적이 먼저 떠올랐다. 몇 번이

나 가방을 잃어버려 찾아온 기억 등 좋지 않은 기억이 줄줄이 파노라마처럼 스쳤다.

"반장은 힘든 건데, 더 커서 나가면 어떨까?"

회유도 해 보았지만, 먹히지 않았다.

일주일밖에 시간이 남지 않은 시점이었다. 큰아이는 작성한 연설문을 온 집안을 돌아다니며 외우기 시작했다. 언니를 졸라 세 줄짜리 연설문을 받아든 둘째는 언니 뒤를 졸졸 따라다니며 같이 외웠다. 큰아이는 귀찮아했고, 나는 큰아이에게 동생은 어차피 안 될 거니까 며칠만 참으라며 타일렀다.

문득 둘째가 의미심장한 말을 했다. 자기 반에는 전에 있던 학교 친구들이 아무도 없어서 자기 공부 못한 거 아무도 모를 거라는. 너무 웃겼지만, "그래, 열심히 해보렴." 하며 등을 다독여 줬다.

퇴근 후 아이들의 일과를 점검하는 중에 두 아이의 다른 반응이 나왔다. 큰아이는 그냥 하던 대로 하고 있었고, 둘째는 신통한 말을 했다.

"엄마, 나 오늘 친구 다섯 명 사귀었어요."

다음 날은 열 명 그다음 날은 또 몇 명, 학급 정원이 35명인데, 새 친구를 과반수 이상 사귀었다고 했다.

'둘째한테 이런 면이 있었구나!'

솔직히 조금 감탄하면서 어쨌든 열심히 하라고 다독였다. 사실 둘째는 반장의 역할 따위는 안중에도 없었다. 그냥 우두머리가 되고 싶어 했다.

드디어 운명의 날이 왔다. 예상했던 큰아이는 부반장을 했고, 둘째는 반장으로 등극했다. 이번엔 많이 감탄했다. 둘째는 약간의 정서 불안과 틱 장애 비슷한 증세까지 보이고 있었다. 그래서 걱정을 많이 했는데 반장까지 되었으니, 아이의 가능성을 속단하면 안 된다는 것을 느꼈다.

등교하는 날 아침, 둘째에게 반장의 역할에 대해 설명을 해줬다.

“반장은 선생님을 대신해서 반 친구를 보살펴야 하고, 솔선수범해서 청소도 해야 하고, 원래 잘하는 인사는 더 잘해야 된다.”

구구절절 반장의 역할을 읊었다. 혹여나 똑똑한 다른 반 반장과 비교되어 상처 받을까 걱정이 앞섰던 탓이다. 부모는 늘 아이의 보이는 면만 보는 것 같다. 그러나 아이는 부모가 보지 못하는 면에서 스스로 장점을 키워내기도 한다. 반장을 맡은 둘째의 반은 여러 면에서 다른 반보다 뒤처지지 않았고, 오히려 잘한다는 말을 듣곤 했다. 둘째는 반장의 역할을 잘해냈다. 선생님이 퇴근한 후에도 다시 한 번 교실 문이 잠겨 있는지를 확인하고 하교를 할 정도였다. 자리가 사람을 만든 것인지, 아니면 잠재된 리더의 역량이 발현된 것인지! 둘째는 가끔씩 친구들이 자기가 공부 못했던 과거를 모르고 있음을 즐거워하면서, 오래오래 반장 놀이를 즐겼다.

둘째가 어느덧 6학년이 되었다. 스스로 전교 어린이 회장 선거에 출마를 하겠다고 나섰다. 아이의 학교 활동이 엄마에게까지 이어지는 게 당연지사라 일하는 엄마로서 시간 여유가 많지 않아 솔직히 출마하지 않길 바랐다. 그러나 둘째의 결심은 이미 굳어져 있어서 깨뜨릴 수가 없었다. 어쩔 수 없이 엄마가 도와줄 일을 물었다.

"증명사진 조금 크게 찍어 줘요."

둘째를 앉혀 놓고 말했다.

"네가 학교 친구를 위해서 어떤 일을 할 수 있는지에 집중했으면 좋겠어. 다른 엄마들은 빵을 돌리면서 선거 운동에 적극 나선다는데, 엄마는 선거 때문에 빵값을 줄 수는 없어. 정정당당하게 행동해."

나는 단호한 태도를 보였는데, 둘째는 전혀 섭섭한 기색을 비치지 않았다. 당연하다는 듯이 씩씩한 모습을 보였다. 그때는 든든하다는 생각이 들었다.

결전의 날, 둘째는 선거에서 졌다. 나는 교문 앞을 스치며 회장 후보들의 사진을 힐끔 보았다. 다섯 표 차로 회장에 당선된 친구의 사진은 국회의원 홍보용 사진만 했고, 그 옆에 우리 둘째 사진은 손바닥만 해서 잘 보이지도 않았다. 정말 미안했다. 작은 사진에 자신이 얼마나 초라하게 느껴졌을까. 저녁에 식탁에 둘러앉아 아이의 하루 일과를 들었다. 그리고 나는 엄마로서 생각이 부족했음을 사과했다.

"미안해. 엄마는 사진이 더 커도 되는지 몰랐어. 진작 알았더라면 엄마도 크게 준비해줬을 텐데."

사진 크기 때문에 아이가 떨어진 것 같아서 너무 미안했다. 애초에 출마하지 않길 바랐던 마음은 미안함으로 바뀌었다. 그런데 아이의 반응은 의외였다.

"아니에요, 엄마. 사진 크기는 학교에서 정해준 건데, 그 친구가 큰 걸 준비한 거에요. 나는 규칙을 지켰기 때문에 속은 상하지만 괜찮아요."

오히려 나보다 의연해 보였다. 그런 아이를 보면서 나의 부족함을 느꼈다. 엄마도 때로는 잘못할 수 있다는 걸 알았다.

실제로 아이를 키우면서 엄마들은 많은 잘못을 저지른다. 그때 솔직하게 사과를 해야 한다. 실이 살짝 엉켰을 때 풀지 않으면, 나중에는 걷잡을 수 없이 엉망이 된다. 아이에게 사과를 하는 일은 아이에게 사과하는 방법을 가르치는 또 다른 교육이 될 수도 있다. 그러므로 사과를 아낄 필요가 없다.

답을 주는 대신 생각할 시간을 줄게

어릴 때 무던히도 학교 출입이 잦았던 우리 엄마. 양산을 곱게 받쳐 쓰고 오곤 했는데, 저 손에 들고 오는 게 뭘까 늘 궁금했었다. 어린 나는 엄마처럼 고운 것보다는 당당한 걸 더 좋아했다. 아버지가 귀에 딱지가 앉도록 내게 일러준 말 덕분이다. 태사공 35대손, 윤씨 집안엔 왕비가 많았다는. 아버지의 말에 나는 스스로를 왕비인 줄 착각하고 산 적이 꽤 많았다. 그런데 아버지는 당당한 왕비보다는 다소곳한 왕비를 더 좋아했던 것 같다. 가령 내가 너무 크게 웃기라도 하면 아버지는 불같은 호통으로 내 등짝을 후려쳤다.

"어디 여자 웃음소리가 담 밖을 넘어!"

이런 말을 듣다 보니, 뭔가 어린아이다운 행동보다는 늘 어른스러운 행동을 하게 됐다. 매사에 조심했다. 이런 행동은 내 성격으로 이어졌고, 어른이 되고 엄마가 되어서까지 영향을 미쳤다. 여자 아이 셋을 키우면서 조금이라도 경망한 행동은 간과하질 못했다.

어머니 회장을 선출하는 날이었다. 미처 개교하지 않은 인근 학교까지 합쳐지는 바람에 전교생이 2,000명 가까이 되었다. 그 많은 학생이 강당에 다 모일 수가 없어서 일차로 운동장에서 후보를 뽑았다. 남 앞에 나서는 성격이 못되지만 아이가 한 학교에 셋이나 다니다 보니 양심상 참석은 해야 할 것 같아 학교에 갔다. 식순에 맞추어 한창 진행되던 중, 큰아이가 사색이 되어서 학부형 사이를 헤집고 날 찾아왔다.

"엄마, 큰일 났어요. 두나가 놀이터에서 놀다가 다쳐서 피가 났어요."

두나는 우리 둘째다.

"그래서 지금 어떤 상태니?"

내가 나직하게 물었다. 나보다 옆에 있는 다른 엄마들이 더 웅성거렸다.

"경비아저씨께서 얼굴 씻기고 연고를 발라주셔서 지금 그늘에서 쉬고 있어요."

"그랬구나. 엄마 마치고 갈 테니 동생 곁에 있어줘."

나는 큰아이만 보내고 그 자리를 떠나지 않았다. 나중에 큰아이가 왜 바로 안 왔냐고 물었다. 그래서 병원 갈 정도는 아니고, 엄마가 호들갑 떨고 가지 않아도 상황은 종료가 되었고, 두나에게 스스로 생각할 시간을 주고 싶었다고 했다. 큰아이는 그런 나를 계모인 줄 알았다고 했다.

나 어릴 적 학교에서 친구와 무슨 일이 있을 때면 수업도 마다하고 엄마에게 쪼르르 달려가서 거품을 물고 고자질하곤 했다. 그럴 때면 엄마는 학교를 찾아와 차분하고 점잖은 말투로 우리 외동딸의 억울함을 선생님께 조목조목 나열했다. 엄마의 모습이 운동장 어귀로 사라질 때 예상과는 달리 선생님은 날 불러 세우고 나무랐다. 또 엄마에게 가서 이를 걷지 확답까지 받으면서 말이다. 난 엄마가 세상을 떠나는 순간까지도 그 사실을 발설하지 않았다. 외동딸로 혼자 커서 특혜도 많았겠지만, 어린 날의 그 보호가 훗날 내가 홀로서기 하는 데 많은 걸림돌이 되었다. 그래서일까? 난 내 아이들이 의연하게 자라주길 바랐다. 내 안에 움츠려 있던 당당함이 아이들에게서 꽃피우기를 바랐던 것 같다.

문제가 생길 때마다 답을 주는 엄마보다는 스스로 해결할 방법을 찾아내도록 도와주는 엄마가 더 좋다고 생각한다. 아이는 언제까지나 내 품에 있지 않는다. 언젠가는 독립해서 자신만의 인생을 개척해 나가야 한다. 문제가 생길 때마다 엄마가 나서서 해결해준다면, 아이는 시행착오를 통해 배울 기회를 잃어버리게 된다. 아이에게 실패할 기회를 주어야 한다. 그래야 홀로서기가 쉬워진다. 살아가면서 겪게 되는 문제를 스스로 해결할 수 있는 힘이 길러진다.

요즘 어른이 된 자녀들이 여전히 문제가 생기면 부모에게 의존한다는 내용의 뉴스를 흔히 접하게 된다. 이런 상황은 어릴 때부터 문제 해결 능력을 키워주지 않은 결과라 생각된다. 부모가 나서서 모든 것을 해결해주니, 굳이 자신이 끙끙 앓아가며 해결책을 마련해 볼 필요성을 느끼지 못하는 것이다. 그것이 습성으로 굳어버려 어른이 되어서도 문제가 생길 때마다 부모에게 의존하게 되는 것이다. 철이 덜 든 어른은 문제가 생길 때마다 어찌할 줄 모르는 혼란을 겪는다. 부모는 그런 어른아이 때문에 골머리를 썩는다.

아이 스스로 답을 찾도록 지켜보고 기다려주자. 물론 아이가 답을 찾지 못하는 경우도 있을 것이다. 그러면 그 상황을 교육의 기회로 활용하자. 그래도 늦지 않다.

간섭은 NO, 가이드라인은 YES

아이의 성격은 일차적으로 부모로부터, 자라면서는 외부로부터 영향을 받아 형성된다. 나는 철들면서부터 엄마, 아버지 중 누구를 많이 닮았을까 종종 생각해 보곤 했다. 선이 굵고 단호했던 아버지, 자상하고 섬세하고 곱상하고 여자답게 생긴 엄마. 당연히 엄마를 닮고 싶었다. 어린 내가 보기에도 아버지는 너무 권위적이었다. 당신 말에 대꾸를 하면, 당장 못 배운 이웃 아버지의 자식이 되어버렸다.

닮고 싶은 사람과 닮은 사람은 달랐다. 동네 사람들은 "엄마를 닮았으면 예뻤을 텐데"라는 말을 자주 했다. 그래도 외동딸이라는 위치 때문에 오빠 옷을 물려받지 않아 너무 좋았다. 대신 성당에서 무료로 나눠준 빨간 코트를 엄마가 입혀줄 땐 정말 싫었다. 앞집 친구도 옆집 친구도 모두 똑같은 코트였기 때문이다. 오빠 옷이 아니라서 다행이라 여기며 애써 위안을 삼았다.

어머니는 바느질도 곧잘 했다. 밤늦게까지 드르륵 박음질하면 금방 코르덴 주름치마가 완성이 됐다. 밤새 만든 빨간 치마에 흰 블라우스를 받쳐 입혀주고, 머리는 두 눈이 찢길 만큼 가는 빗으로 빗겨 갈래머리를 해서 등교를 시켰다. 군말 없이 입기는 했지만 '그냥 만들지 말고 대구상회에 걸린 예쁜 원피스나 사주면 좋을 텐데.'라는 생각을 안 할 수가 없었다. 엄마는 날 학교에 보내면서 늘 잔소리를 늘어놓았다.

"옷매무새가 단정해야 예의도 발라지고 공부도 잘해지는 거야."

그 잔소리 메들리는 삼십 년이 지나 우리 아이들에게 되풀이됐다. 아침에 세 아이는 각자의 준비물과 가방을 챙긴다. 하지만 바로 학교에 갈 수 없다. 외할머니에게 복장을 점검받는 마지막 절차를 치르고 나서야 등교가 가능했다.

"옷매무새가……."

외할머니가 구령처럼 이 말을 시작하면 아이들이 뒷말을 이었다.

"예의도 바르고 공부도 잘하게 된다. 다녀오겠습니다."

매일 우리 집의 아침 풍경이었다. 옷매무새가 아이의 성적과는 무관함을 훗날 알았지만, 매일 아침 외운 이 주문은 나도, 아이들도 항상 단정한 사람으로 만들어준 것 같다. 이 단정함은 사춘기 무절제까지도 통제하는 힘이 되었다. 성인이 되어 내가 특별한 어떤 행동을 하지 않아도 내게서 풍겨지는 어떤 모습들이 신뢰를 받는 경험을 많이 했다. 이런 것은 모두 어머니의 덕분이다.

세 아이가 저마다 성격이 다르지만 옷 입는 성향도 모두 달라서 대물림하는 옷이 많지 않았다. 큰아이는 정장 원피스류를 좋아했고,

둘째 아이는 초등학교 졸업할 때까지 치마를 단 한 번도 입지 않았다. 막내딸은 패셔니스트였다.

아주 맑은 물에 영롱한 빛을 띤 예쁜 물고기들이 노니는 태몽을 안겨준 막내. 그 애는 태몽만큼이나 어릴 때부터 옷 입는 감각도, 주문도 까다로웠다. 잠들기 전 등교 때 입을 의상을 미리 준비하는 치밀함도 남달랐다. 모자며 신발까지 옷과 '깔맞춤'을 하고서 집을 나섰다. 이렇게 꾸미기를 좋아하기에 집을 방문하는 손님들도 막내에게는 과자나 학용품보다 예쁜 드레스를 선물하곤 했다. 나에게는 없는 또 다른 면이었다. 저 아이는 나중에 어떤 일에 종사할지 무척 궁금했다. 애초에 내가 세운 기준이 공부보다는 인성과 예의바름이기에 아이들의 몸가짐이나 옷차림에 신경을 많이 썼다. 엄마가 없는 시간에 동네에서 다른 사람에게 좋지 않은 말 듣지 않기를 제1번으로 강조했다. 경비 아저씨에게 깍듯이 인사하는 건 기본이고, 통로나 엘리베이터 안에서 만나는 모든 사람에게도 인사를 하라고 시켰다. 그 덕분에 우리 아이들은 동네에서 소문이 날 만큼 인사를 잘했다.

지금 생각하면, 나 역시 싫어라 하면서 아버지를 그대로 흉내 냈던 것 같다. 나도 모르게 아이들에게 다소곳한 왕비를 기대했던 것은 아닌지…….

큰아이가 중학교 2학년 때였다. 얼마나 어설픈 멋을 부리고 싶은 나이인가. 친구들과 용돈을 모아서 문희준 힙합 바지며, 굽 높은 구두를 구입해서 돌려가며 입고, 신고 했었나 보다. 어느 날, 큰아이가 친구와 한참 거울 앞에 서서 나지도 않는 멋을 부리더니, 다녀오겠노라고 발랄하게 인사를 한 뒤 현관을 나섰다. 분명히 운동화를 신고 나갔다. 그런데 언니가 사라지자 막내가 잽싸게 내 귀를 당겼다.

"엄마, 언니 구두 신고 나갔어요."

내 몸은 베란다를 향해 쏜살같이 달렸다. 12층 높이이지만 똑똑히 보였다. 큰아이는 뭉툭한 운동화 대신 알라딘 마술램프 속 요정의 신발처럼 코가 뾰족하고 굽이 높은 구두를 신고 있었다. 그날은 큰아이가 굽 높은 구두를 신을 차례였던 것이다. 큰아이는 엄마에게 걸리지 않은 기쁨을 누리며, 뒤뚱뒤뚱 아파트 현관을 나서고 있었다.

베란다에서 이 모습을 보고 아이의 이름을 불렀다.

"정하나!"

큰아이는 하늘에서 떨어지는 엄마의 목소리에, 공포에 질려 그 자리에 망부석이 되었다. 우리 아이들은 이름 앞에 성을 붙여 부르면 가장 공포스러워했다. 엄마의 분노 게이지 내지는 화남의 정도를 알 수 있기 때문이다. 일단은 내가 속았음에 분노했다. 운동화를 숨긴 곳을 물으니 소화전이었다.

신발 바꿔치기 사건 이후 나는 가끔 습관적으로 소화전을 열어보았다. 이 사건 역시 훗날 큰아이에게 심하게 사과했다. 큰아이가 옷도 신발도 친구들한테 투자만 하고 본인은 사용해 보지도 못했다고 억울함을 토로했기 때문이다. 나는 스스로를 되돌아보았다. 일하는 엄마로서 행여 남의 말 듣는 아이로 자랄까 봐 걱정된다는 건 핑계가 아닐까. 실은 내가 남에게 나쁜 말 듣는 게 싫어서가 아니었을까. 후

자가 진실에 가까움을 부인할 수 없었다.

공부 좋아하는 사람이 지금도 이해가 가지 않는다는 막내. 나는 그런 막내의 미래가 참 궁금했다. 걱정도 됐다. 그 시절 공부 말고는 특별히 성공하는 삶을 가늠할 수 있는 잣대가 없었기에 더 난감했다. 막내를 초등학교 입학시킨 후 하고 싶은 일이 뭔가를 물었다. 그랬더니 "그냥 엄마와 노는 거"라고 답했다.

3학년 즈음, 학교에서 방과 후 수업으로 여러 가지를 경험할 수 있는 좋은 기회가 왔다. 막내는 발레를 해보고 싶다고 했다. 어릴 때 내가 무용을 좋아했지만, 부모님에게는 어림 반 푼어치도 없는 일이었기에 보상이라도 받듯 막내에게 발레를 시켰다. 가냘프고 예쁜 목선 하며, 공부 안 해서 주눅 든 감춰둔 미소가 나풀거리는 무용복 사이로 빛을 발했다.

'이거였구나! 넌 무용에 소질이 있었어!'

나는 무릎을 쳤다. 매일 엄마와 외할머니 치마폭을 못 떠나던 막내는 점점 자신감을 찾아갔다. 누구라도 그러하듯이 셋째는 가방만 메고 다녀도 예쁘다.

아이들의 잠재력이나 적성을 찾아내는 건 쉽지가 않다. 놀이를 통해서, 여러 가지 경험을 통해서 서서히 발견된다. 때론 어느 날 갑자기 발견이 되기도 한다. 물론 잠재력이나 적성이 어른이 되어 직업으로 연결되는 것이 쉬운 일은 아니다. 그래도 그것을 찾은 것 자체만으로도 삶은 한결 여유롭고 풍성해진다. 그렇게 자라서일까. 우리 아이들은 성인이 되어서도 짧은 옷이나 유행에 민감한 옷은 선호하지 않는 것 같다. 나이에 맞지 않게 베이식하고 단정한 옷을 좋아한다. 큰아이는 대기업 사원으로 일하다 결혼을 했고, 둘째는 바리스타 학원을 운영하고, 막내는 플로리스트로 활동한다. 다들 이십대 어린 나이에 창업을 하고 사회활동을 해서인지 옷차림부터 조금은 어른스럽다. 각자가 개성이 뚜렷했는데 다들 개성 있게 살고 있다. 그것을 인정해주고 응원한 덕인 것 같다.

엄마들에게 말해주고 싶다. 간섭은 하지 말고 가이드라인만 분명하게 정해 주자고. 그러면 아이들은 부모가 원하는 이상으로 잘 자라줄 것이라고.

엄마들에게 말해주고 싶다.
간섭은 하지 말고 가이드라인만
분명하게 정해 주자고.
그러면 아이들은 부모가 원하는 이상으로
잘 자라줄 것이라고.

엄마의 용기가 아이를 움직인다

왜 엄마들은 자기도 두려워서 해보지 못한 도전을 용기라는 미명 아래 자녀에게 요구하는지 모르겠다. 왜 다른 집 아이들 손들 때 안 들면 자존심이 구겨지는 걸까? "저요!" 소리치며 나서 주기를 바라는 걸까? 나 역시 아이가 어디서든 내게 없는 잠재력을 발휘해서 선두에 서 주길 은근히 기대했다.

큰아이가 다섯 살 때 동화 구연대회에 나간 적이 있었다. 등 떠밀려 나간 대회에서 언니 오빠들을 제치고 최우수상을 받자 나는 이 아이가 천부적인 소질이 있는 줄 알았다. 그렇게 생각한 데에는 유치원 선생님의 격려도 한몫했다. 유치원 개원 이래 이런 아이는 처음이라고 칭찬을 아끼지 않았기 때문이다.

'드디어 내가 천재를 낳았구나. 그러면 그렇지.'

알 수 없는 자만심이 날 행복하게 했고, 당연하다는 듯 표 안 나게 으스댔다. 등원 준비를 시키면서, '넌 참 똑똑한 아이야, 엄마는 그럴 줄 알았어, 엄마 닮아서 당연하지' 등등 자만심에 가득 찬 용기들을 가방에 잔뜩 넣어서 보내곤 했다. 그 이후 무슨 대회든, 어떤 상황이든, 모두 참석해주길 바랐지만, 아이는 도무지 어떤 대회에도 흥미를 보이지 않았다.

어느 날 저녁 가족이 함께 둘러앉아 텔레비전을 보는데, 그때 한창 유행하던 MBC 〈주부가요열창〉이 나왔다. 뜬금없이 큰아이가 내게 말했다.

"엄마! 엄마는 노래 좋아하시는데 왜 노래자랑 대회에 안 나가요?"

순간 감전된 듯 얼었다. 어떻게 대답해야 할까 고민하다가 이렇게 둘러댔다.

"음, 나갈 수도 있지만 바빠서 못 나가지."

언젠가 남편에게 한 말을 아이가 흘려듣지 않았나 보다. 그 말은 이러하다.

"아버지가 완고하지 않았으면, 난 무용을 했거나 아니면 가수? 아니면 미용사가 됐을 수도 있었을 텐데. 셋 모두 아버지에게는 어림 반 푼어치도 없는 직업이었기에 입 밖에도 못 내봤어요."

큰아이가 작정한 듯 내게 다그쳤다. 이제는 외할아버지가 아프니까 엄마 맘대로 해도 되지 않느냐고 몰아갔다.

"엄마가 전에 말했잖아요? 정말 자기가 좋아하는 일은 어떤 일이 있어도 해 봐야 한다고요."

그 말에 나도 모르게 가슴이 뛰기 시작했다. 한번 나가볼까 하는 마음이 꿈틀거렸다. 남 앞에 나서는 일이 무엇보다 싫었지만, 남에게 나를 보이는 일에 익숙하지도 않았지만, 한편 이런 생각이 들었다.

'나도 이만큼 싫은데, 이 아이도 대회 나가는 게 얼마나 싫을까?'

그래서 용기 내어 대회에 나가 보기로 했다. 나의 출전 발표에 남편은 의아해했다. 그러나 출전 이유를 듣고 응원을 아끼지 않았다. 전국 노래자랑처럼 출연자가 나와서 송해 오빠를 외치며 콧소리 하는 대회였다면 아예 출전을 하지 않았겠지만, 나름 주부들의 격조 있는 무대라 망신을 무릅쓰기로 했다. 아이를 위해 마루타가 되기로 했다. 의상도 정하고, 노래 곡목도 1회 때 일등한 주부의 곡으로 결정했다. 너무 소심하고 남 앞에 서기를 두려워하는 큰아이 때문에, 나의 무모한 도전이 시작되었다.

드디어 운명의 날이 다가왔다. 귓불을 스치듯 간질이는 봄바람을 만끽할 여유가 내겐 없었다. 지역 P사의 축제와 맞물려서인지, 서울 대회만큼은 진지하지가 않았다. 여기서도 경망스럽게 엉덩이를 흔들고 교태를 부리는 출연자가 있었다. 얼굴이 붉어지고, 그냥 나가버릴까 하는 생각이 굴뚝같았지만, 출전의 첫 번째 이유가 아이 교육이었기에 꾹 참았다. 코미디언 김병조의 사회로 진행된 무대는 어떻게 시작하고 어떻게 끝났는지, 지금도 생각나질 않는다. 너무 기억하고 싶지 않은 날이어서 그런 것 같다. 그래도 아이에겐 큰 용기를 심어준 날이었다.

발레만 하던 막내가 고등학교 입학 무렵, 남편의 사업이 어려워져 발레를 계속할 수가 없었다. 무용 특기생으로 고등학교를 가려던 막내에게 고통스러운 시간이었다. 좌절감에 아무것도 하지 않는 막내에게 두 달 정도 여유가 있으니, 한국 무용으로 시험을 보자는 제안을 했다. 엄마의 '주부가요제'의 무모한 도전기를 팔면서 해보자고, 하면 될 거라고 기약할 수 없는 제안을 한 것이다. 너무나 뜻밖의 제안에 막내는 당황했지만, 고맙게도 엄마의 제안을 따라주었다.

집 옆에 있는 무용학원에 일단 등록을 했다. 사연을 말하고, 작품비도 드릴 수 있는 형편이 아니니, 그저 3분 분량의 기초적인 몸동작만을 부탁했다. 학원을 모두 파한 후 열쇠를 받아 새벽 1시까지 맹연습을 했다. 어릴 때 춤사위를 조금 배워 온 터라, 손동작 정도는 봐줄 수 있어서 다행이었다. 희망의 끈을 놓았던 막내도 차츰 웃음을 찾아갔고, 두세 시간의 연습에도 지칠 줄 모르고 최선을 다했다.

그 순간만큼은 나도 막내도 현실을 잊고 꿈을 향해 날아가고 있었다. 하지만 실기 실력보다 더 중요한 것은 수상 이력이었다. 대회에 나갈 수가 없었기에, 다른 친구들이 가진 수상 이력이 우리 막내에겐 없었다. 학교 교장선생님을 찾아가 추천서를 받아냈고, 우리 시 무용협회 회장님의 추천서도 어렵게 챙겼지만, 별 도움이 안 되었다. 결국, 실기 점수로는 1등을 했지만 선발 기준이 요구하는 수상 내역이 없어서 탈락했다. 세나가 좌절하고 힘들어할 줄 알았는데, 오히려 최선을 다해서 도와준 엄마에게 미안하다고 했다. 눈물이 나도록 고마웠다.

아이를 키우면 엄마도 경험 못한 여러 가지 일에 직면하게 된다. 그럴 땐 그 어떤 경우라도 아이를 최우선으로 두고 생각하면 좋을 것 같다. 자녀교육에서는 때를 놓치면 후회하는 일이 많아진다. 그러나 '그때 그렇게 했더라면' 하고 후회해도 소용없다. 다른 일도 마찬가지겠지만 자녀교육이 특히 더 그러하다. 이미 자녀는 '다른 때'에 가 있기 때문이다.

아이를 키우는 일은 농사와 같다고 한다. 농사를 지어 보지 않은 나로서는 체감하기 어려운 비유이지만, 그때 꼭 해야 할 일을 미루지 말라는 뜻이 아닌가 생각한다.

이제 세 딸 모두 다 자라서 서른을 넘긴 나이가 되었다. 자랑 같지만 세 딸들은 내게서 듣고 자란 이야기들을, 자기화해서 살아가고 있다. 나는 딸들을 키우면서 한 번도 "이렇게 해! 저렇게 해야 맞아! 넌 왜 그렇게 밖에 못하니?" 하며 소리치지 않았다. "이런 건 어떨까? 이 방법은?" 하면서 존중으로 길렀다. 나 편하자고 아이들을 좀 느슨하게 키운 면도 조금 있지만, 아이들은 고무줄처럼 쭉쭉 탄력 있게 잘 자라주었다.

아이를 키우는 일은 농사와 같다고 한다.
농사를 지어 보지 않은 나로서는
체감하기 어려운 비유이지만,
그때 꼭 해야 할 일을 미루지 말라는 뜻이
아닌가 생각한다.

chapter 2

시련은 엄마와 세 딸을 동지로 만들었다

딸과 엄마의 진실 게임

큰딸이 네 살 때였다. 나름 어설프게 유아교육을 공부한 나는 내 아이에게만큼은 내가 자랐던 방식 말고 좀 더 다르고 세련된 방식으로 키우고 싶었다. 그 열망이 강했다. '딸이기에' 안 된다고 제지당했던 어린 날의 나에게 보상이라도 하듯 '딸이기에' 남보란 듯이 조기교육을 시키고 싶었다. 아이에게 보다 많은 기회를 주는 것이 좋겠다고 생각했다. 돌이켜 생각해보면 순수하게 아이 입장에서 생각하고 결정하지 못했던 것 같다. 내 자신 충족하지 못한 어떤 욕구를 아이를 통해서 채우려 했던 경향이 컸던 것 같다.

지금은 어린이집도 많고 영아 때부터 돌봐주는 기관이 많지만, 우리 큰아이가 자랄 때만 해도 그런 시설이 충분하지 않았다. 동네 미술학원이나 피아노 학원이 고작이었다. 미술학원이나 피아노 학원도 다섯 살은 되어야 다닐 수 있었다. 네 살 때 데려갔다가 번번이 퇴짜를 맞았다.

마침 집 가까이에 미술학원이 생겼다. 처음이라 원생도 적을 것이니 내가 주변에 홍보를 많이 해드리겠다고 감언이설로 원장님을 꼬드겨 입학을 시켰다. 난 우리 아이가 피카소가 되거나 고흐가 되는 걸 바라진 않았다. 다만 아이가 그림에 소질이 있는데 재능을 빨리 발견하지 못해 가진 재능을 살리지 못하면 안 되겠다는 생각이 컸다. 그리고 내 자신이 이런 생각에 이른 것도 모두 유아교육 공부의 덕이라며 만족스러워했다.

학창 시절 나는 공부를 유난히 잘했던 두 오빠가 대처로 나가서 공부하는 것이 당연하다고 생각했다. 반에서 몇 등 하는 성적으로 나도 서울로 대학 보내달라는 소리는 양심상 입 밖에 낼 수가 없었다. 보내준다고 해도 부모님 곁을 떠나 혼자서 객지살이할 용기도 부족했다.

우리 도시에는 대학이 두 개밖에 없었다. 그리고 나는 여자 직업이 세상엔 둘밖에 없다고 생각했다. 간호사와 선생님. 어릴 적에는 여자 의사를 한 번도 본 적이 없어서 내게 의사란 직업은 아예 입력이 되어 있지 않았었다. 주사 맞기를 두려워했기에 주사를 놓는 직업도 싫었다. 사람의 생명을 살리는 고귀한 사명 따위는 나와는 거리가 멀었다. 유치원 선생님도 내키지는 않았지만 선택의 여지가 없었다. 그렇게 선택한 유아교육 공부 덕분에 어쨌든 난 선생님 소리도 들었다. 그 짧은 2년의 공부가 세 딸을 키우는 데 어마어마한 도움이 되었다.

큰아이를 미술학원에 보내고 나니 학부형이 된 것 같아 괜히 으쓱해졌다.

"그냥 언니들과 어울려서 재미있게 놀다가 오는 걸로 만족이에요."

미술학원 원장에게 이렇게 겸손까지 떨었던 스스로가 괜찮은 학부형처럼 느껴졌다. 그렇게 나는 처음으로 학부형 놀이를 시작했다.

그래도 놀지만은 않았다. 아직은 수준을 논할 수 없는 큰아이의 그림을 '얘는 어떤 색을 선택해서 줄을 그었을까?' 하면서 매일매일 유심히 살펴봤다. 큰아이의 미술 학습 단계는 선긋기, 원 만들기 등 아주 기초적인 것이었지만, 나는 한 가지 의미라도 더 찾아내려고 애썼다. 아직 나이가 어려서 원장님도 그저 청강생 정도로 치부하는 듯했지만 나는 진지했다. 아침마다 깨끗하게 단장시켜서 학원 차에 태울 때는 알 수 없는 뿌듯함까지 일었다. 나 역시 아침마다 머리 빗질도 꼼꼼히 하고, 옷도 단정하게 입고 선생님과 맞절을 했다. 비록 학원이라고는 하지만 내 아이의 첫 선생님이니 더 예의를 갖추고 싶었다. 선생님의 뜻하지 않은 한마디가 아이의 인생을 좌우할 수 있다는 생각에 늘 정갈하게 선생님을 맞았다. 어떤 요구를 할 때도 한 번도 목소리를 높이지 않았다.

"선생님, 내 아이는 소중한 아이에요. 눈여겨봐 주세요."

당시 선생님에게 했던 말이 기억난다. 지금 생각해보니 무언의 압력처럼 느껴진다.

그렇게 한 달쯤 시간이 지났을 무렵이었다. 어느 날 아침, 큰아이가 '미운 네 살'의 정체를 드러냈다. 네 살쯤 되면 아이는 언어와 사고가 엄청나게 폭발하며 확장된다. 그러면서 곧잘 자기 생각을 관철하기 위해 고집을 피운다. 그래서 미운 네 살이 된다.

당황스러웠다. 고분고분하던 아이가 "엄마 이건 아니에요", "이 옷은 싫어요" 하며 사사건건 태클을 걸기 시작했다. 그 시절만 해도 길에서 떼쓰는 아이를 펑펑 패는 엄마를 보는 게 흔했다. 요즘이라면 아동학대로 취급받을 수 있겠지만 당시에는 아동학대라는 개념 자체가 아예 없었다. 야단맞는 아이를 보면, '저 녀석 또 말썽 피웠구나' 하며 피식 웃고 지나갈 뿐이었다. 한 술 더 떠 더 패주라고까지 응원해도 아무렇지 않았던 시절이었다. 그걸 생각하면 옛날 어머니들은 아이를 공짜로 키운 거나 마찬가지다. 매를 들어도 당연한 줄 알았고, 대꾸하다가 뺨은 덤으로 맞아도 누구 하나 대들지 않았던 것 같다.

아무튼 그날따라 큰아이가 한 시간이나 일찍 학원 가방을 챙기면서 내게 주문했다.

"그런데요, 엄마! 오늘은 40색 크레파스 가져오라고 했어요."

월령이 늦은 네 살인데도 말이 똑똑했다. 그 또한 내 자랑거리였다. 난 차분하고 예쁜 어조로 대답해줬다.

"아니야. 네가 잘못 들었을 거야. 40색 정도 쓰려면 큰언니가 되어야 해."

"아니에요. 선생님이 가져오라고 했어요."

"아니야, 엄마가 다 알아. 넌 아직 그 단계가 아니야."

아니에요, 아니야, 반복하기를 40여 분. 나의 잘난 척도 그 한계를 드러내기 시작했다.

'이 조그만 게 엄마를 이기려는 거구나. 그래? 나도 너만큼 고집 있지. 네가 누구 딸이겠니? 지금 이 고집을 꺾지 않으면 난 평생 이 아이에게 질질 끌려갈 거야.'

나는 두 주먹 불끈 쥐고 다짐했다. 신혼 초기 아내가 남편과의 싸움에서 기선 제압하듯 기어이 딸을 이기고 말리라! 나는 화가 날수록 차분하게, 목소리는 저음으로 낮추면서 아이에게 맞섰다. 아이는 급기야 사색이 되어 울음을 터트렸다. 울음으로 승복한 것 같아 쾌감이 느껴졌다.

"그것 봐. 엄마가 다 안다고 했잖아. 떼쓰는 거 아니야."

자못 인자한 엄마인 양 아이의 등을 감싸고 토닥여줬다.

"고집 피우면 나쁜 거야. 말을 잘 들어야 착하지."

나도 모르게 내가 양육당했던 방식으로 딸을 바보 같은 착한 아이로 만들고 있었다. 물론 그때는 그걸 몰랐다. 잠시 후 노란 미술학원 차가 집 앞에 도착했다. 아직도 분이 덜 가신 아이는 내가 항복의 대가로 건넨 사탕을 입에 문 채 아직 멈추지 않은 훌쩍거림의 춤사위를 가까스로 추스르고 학원 차에 올랐다. 선생님이 의아한 눈짓으로 딸아이의 상태를 내게 물었다. 나는 선생님에게 오늘 아침 거둔 환희의 승리를 짧게 설명했다. 그래도 내가 아이를 잘 설득했노라고 의기양양하게 말했다. 학원에서 많은 위로를 부탁까지 하면서. 그런데 선생님의 반응이 나를 당혹스럽게 만들었다.

"어머니, 아직 단계가 이르긴 한데, 언니들이 여러 색 쓰는 게 부러웠던지 며칠 전부터 자기도 가져오면 안 되냐고 하나가 조르더라고요. 제가 그러라고 허락했어요."

순간 전기가 온몸을 지지는 듯 전율이 왔다. 아침 한 시간 동안 내 아이에게 무슨 짓을 한 건가. 그 당시에는 알림장 같은 것도 없었던 터라 아이의 말을 내 상식에 맞춘 채 귀를 닫은 것이었다. 차가 떠나기 전 아이가 내게 또 말했다.

"그런데요. 선생님이 40색 크레파스 가져오라고 했어요."

그날 나는 2년 동안 다닌 대학에서보다 더 많은 깨우침을 아이를 통해서 얻었다. 엄마는 아이를 끝까지 믿어야 한다는 것이었다. 맏언니의 희생 덕택으로 밑에 두 딸에게는 한 번도 같은 실수를 반복하지 않았다. 가끔씩 한 자리에 모여서 지난 일을 이야기할 때면 큰딸은 동생들에게 자기는 선구자라고 열변을 토한다. 몸으로 부딪히고 굴러서 길을 닦아놓아서 너희들이 꽃길을 걸었다며. 이렇게 아이를 키우면서 내 유년에 채워지지 않았던 어떤 알 수 없었던 것들을 조금씩 채워갔고, 나아가 채워주는 엄마로 한 걸음씩 자라났다.

그날 밤 나는 큰아이에게 작은 소리로 속삭였다.

"네 말이 맞았어. 엄마가 미안했어."

큰아이가 내게 말했다.

"엄마, 내가 이해할게요. 괜찮아요."

아이는 이해라는 말을 이해하고 말한 걸까? '이해'는 평소 내가 아이들에게 쓰던 낱말이었다. 아이들이 실수했을 때 "아니야. 엄마가 이해해. 엄마도 아이일 때 그랬었거든" 하면서.

그때 큰아이는 태산 같은 엄마와 동질감을 느낀다는 데 희열을 느꼈으리라. 나는 아이들의 거울이 되어야 한다고 다짐했다. 40색 크레파스 사건 뒤로 늘 맑은 거울이 되려고 노력했다. 내 실수를 인정하면서. 한 뼘 더 자란 나 자신에게 위로를 보내면서.

외동딸에서 세 아이 엄마로

누구의 고향엔들 꽃이 피지 않는 곳이 있을까? 진달래꽃이 흐드러지게 피는 봄이면, 그 옛날 동네 언니들 따라 진달래꽃을 따고 싶어 안달이 났던 때가 생각이 난다. 진달래꽃 뒤에 문둥이가 숨어서 아이를 잡아가 간을 빼먹는다며 어른들은 겁을 줬고, 번번이 따라가길 망설이다 한 번도 가보지 못했다. 문득 궁금하다. 정말 잡혀간 아이가 있었을까. 무엇을 경계하려고 어른들은 무시무시한 거짓말로 어린 가슴을 쿵쾅거리게 했을까?

내가 태어난 곳은 작은 탄광촌. 삼남 일녀 중 셋째로 태어났다. 1960년대의 탄광촌은 경제적으로 빈곤함과는 거리가 있었다. 위로 여섯 살, 아홉 살 차이로 오빠 둘을 두고, 아래로 다섯 살 차이로 또 남동생을 두었기에 나름 특혜 받으며 자랐다고 생각했다. 이 특혜는 오빠들의 옷을 물려받아 입지 않았다는 것이다. 깊은 골을 따라 큰길을 사이에 두고 회사를 다니는 사람의 집은 마치 계급 높은 사람에게 주는 일본 관사와 같았으나 다니지 않는 사람의 집이 달랐다. 우리는 일본 사람이 지은 관사에서 살았다. 가끔 텔레비전에서 나오는 수용소 형태의 집이지만 나름 계급이 정해져서 주어지는 관사였다.

모두가 가족 같고, 친척 같았다. 누구 집의 길흉사는 모두가 한마음 되어 함께 해결하곤 했던 기억이 난다. 우리 할아버지 제사도 그랬다. 제삿날 자정이 되면 스멀스멀 이웃 아저씨들이 찾아와서 어느새 방 안 가득 제관이 모였다. 내가 네다섯 살쯤 되었을까? 퇴근한 아버지가 나를 목마 태우고 골목골목을 누비시면서 마주치는 이웃에게 딸 자랑을 했던 기억이 난다.

"아주머니 집에 이런 딸 있어요?"

그러자 한 아주머니가 슬쩍 비아냥거림과 시새움으로 이렇게 대꾸했다.

"어휴, 저런 모과를 봤나."

아버지의 목마 위에서 약간의 어지럼증을 느끼면서도 의문을 품었다.

'모과가 뭐지?'

고등학교 1학년 때가 되어서야 모과가 과일이란 것을 알았다.

초등학교 때 한 달에 한 번 회사 배급소에서 쌀과 연탄을 배급받았다. 엄마를 따라 배급소에 가보면 사람들이 줄을 서서 차례를 기다리고 있었다. 우리 차례가 되면 가져간 쌀자루에 흰쌀이 가득 담겼다. 또 매달 한 번씩 고기 표가 나왔다. 때론 엄마는 선심 쓰듯 몇 장을 모았다가 회사를 다니지 않는 이웃에게 선물하곤 했다.

아버지를 따라 회사 회식에 간 기억은 지금도 잊을 수가 없다. 회식 장소는 집에서 그리 멀지 않은 계곡이었다. 미리 도착한 아저씨들이 큰 돌로 받침대를 만들어 놓고, 또 넓적한 돌들을 개울물에 깨끗이 씻어 놓고 기다리고 있었다. 우리가 도착하자 돌받침대 위에 씻어 놓은 넓적한 돌을 여럿이 힘을 합쳐 올리고는 밑에서 불을 때기 시작했다. 불판이 달아오르자 그 위에 삼겹살을 올려놓았다. 앞에도 뒤에도 온통 산으로 병풍이 둘러쳐져 있고, 발아래 계곡물이 흐르고, 목젖을 떨어뜨릴 만큼 고소한 고기 냄새가 풍기고, 정말 최고의 회식이었다. 그때 그 고기 냄새는 지금도 입에 침이 고이게 만든다. 아마 딸이라고 아버지가 나 혼자만 데리고 간 듯했다. 아! 그것도 특혜라면 특혜인 듯싶다. 별로 자상하지 않은 경상도 아버지였는데, 유년의 나는 가끔씩 딸이란 이유로 아버지의 사랑을 독차지한 듯했다.

그 시절엔 누구에게나 공부보다는 놀이가 최고였다. 여자 형제가 없었던 나는 오빠들과는 어울리기 어려웠다. 다섯 살 아래 동생은 군대 입대 전까지 나를 언니라 부르며 따라다녔다. 우리 남매는 딱지를 한 가득 접어 동네에 나가, 여자 남자 할 것 없이 모조리 물리치고 딱지를 따서 헌 바구니에 전리품을 가득 채워 돌아오곤 했다.

겨울이 되면 날씨가 영하 20도를 오르내리고 대문을 열지 못할 만큼 폭설이 내릴 때가 많았다. 이럴 때면 나와 동생은 신발장을 뒤적이며 여름에 신던 풀 슬리퍼를 엄마 몰래 숨겨서 나오곤 했다. 회색 도랑물이 내려와 얼은 도랑에서 풀 슬리퍼로 갈아 신고 아슬아슬하게 얼음을 탔다. 지금 생각하면 아찔하다. 물속에 빠지기라도 했더라면 큰 사고로 이어질 수도 있었다. 좀 더 난이도가 높은 놀이에 도전하기도 했다. 조금 더 나이 든 언니 오빠들을 따라 골짜기 꼭대기 자연이 만들어준 얼음판에서 가마니 썰매를 탄 것이다. 두려움에 언니들 등 뒤에서 가마니에 겨우 무릎만 얹고 얼음판에 그냥 몸을 맡겼다. 언니들은 인정사정없이 타고 내려왔다. 그날 저녁 꽁꽁 언 옷 때문에 적잖이 야단맞은 기억이 있다.

나의 초등학교 시절 대부분의 놀이가 이랬다. 이렇게 신나게 놀다가 12월 중순에 접어들면 나름 바쁜 계획을 세우기 시작했다. 누가 하라고 시킨 적도 없지만 나와 동네 아이들은 크리스마스 발표회 준비로 바빴다. 모든 계획은 내 머릿속에서 기획되고 연출되었다. 어김없이 또 찾아온 크리스마스. 나는 누구에게 어떤 배역을 맡길지 고민하고 있었다. 마침 동네에 내 또래보다 두어 살 어린 동생들이 예닐곱 명 있었다. 당연히 그들은 내 의견에 순종적으로 따랐다. 배역에 불만도 없었다. 때론 이웃 아주머니께서 자신의 딸 배역을 청탁도 했다. 올해는 군무 말고 독무를 하게 해 달라고.

아버지는 전형적인 경상도의 보수적인 아버지였다. 반면 어머니는 천생 여자였다. 곱상하고 조곤조곤하며 남에게 교양 있다는 칭찬을 많이 받았다. 위로 두 오빠들은 태어나면서부터 공부를 잘했는지, 부모님 말에 따르면 스스로 공부를 그렇게 열심히 했다고 한다. 거기에 비하면 나와 동생은 놀이에 최선을 다했던 것 같다.

중고등학교는 남녀공학이며 한 울타리에 있었다. 큰오빠와는 나이 차 때문에 같은 공간에서 공부할 수 없었지만 둘째 오빠와는 중학교 1학년 때, 오빠가 고등학교 3학년이어서 같은 학교를 다닐 수 있었다. 선생님들이 한 학교에 오래 있었기 때문에 큰오빠와 작은오빠는 전설처럼 선생님들에게 회자되었고, 덕분에 나는 중학교 3년을 편하게 지냈다. 학습준비가 덜 되어도 숙제가 미숙해도 선생님이 그랬다.

"너 아무개 동생이지? 너도 분명 잘해왔을 거야. 패스."

작은오빠에게는 전설 하나가 더 있다. 호적이 늦어 초등학교 입학통지서가 나오지 않았는데, 어머니가 오빠가 쓴 한글 공부 노트 28권을 들고 교장 선생님을 찾아가서 입학시켰다는 이야기다. 이 놀라운 이야기는 지금도 나를 웃게 만든다. 결이 고운 큰오빠, 조금은 덜 부드러웠지만 멘토 같았던 작은오빠, 그리고 지금은 아니지만 내 말을 숙명처럼 따랐던 동생, 이들 덕분에 내 유년은 풍요로웠다.

무뚝뚝했던 아버지는 나한테 "안 돼.", "하지 마." 같은 말을 많이 했다. 아버지는 내가 적당히 고등학교까지만 졸업하고 시집가는 게 희망이었던 것 같다. 종종 치맛바람을 일으켰던 어머니도 '네가 커서 이런 사람이 되었으면 좋겠다'는 말은 한 번도 한 적이 없었다. 나를 곱게 치장해 주고 남들에게 예쁘게 보이기 위해 애썼지만 꿈에 대한 말을 꺼내지는 않았다. 그런 엄마 아버지 품에서 성장하면서 언제부터인가 내 안에 질문이 생기기 시작했다.

"너, 왜 사니?"

그 질문과 함께 어른이 되고, 세 딸의 엄마가 되었다. 다행히 결혼하기 전부터 가진 왜 사는지에 대한 사색과 내가 원하는 삶, 그리고 자녀를 낳으면 남의 시선을 의식하지 않고 자존감을 살려주고 아이로 키우고 싶다는 생각들이 자리잡았다. 이런 생각들이 어느 정도 틀이 잡힌 이후 세 아이의 엄마가 되어서 다행이다.

남의 시선을 의식하지 않고 자존감을 살려주고
아이로 키우고 싶다는 생각들이 자리잡았다.
이런 생각들이 어느 정도 틀이 잡힌 이후
세 아이의 엄마가 되어서 다행이다.

네게 주는 선물은 엄마의 응원이야

세상에 쉬운 선택은 없다. 큰아이가 고등학교 입학했을 때, 대학 진로에 대해서 의논을 했다. 나는 큰아이가 고등학교 입학과 동시에 자신의 적성과 하고 싶은 일을 찾기를 바랐다. 어차피 꿈이라는 것이 그리 쉽게 이루어지는 것이 아니기에, 나 역시 학년에 따라, 성적에 따라 이리저리 바뀐 경험이 있었기에, 차근히 상황에 맞게 계획을 세워 나갔으면 좋겠다고 생각했다.

큰아이에게 가고 싶은 대학과 과부터 물어보았다. 조금 예쁘장하게 생긴 아이들이 곧잘 승무원을 꿈으로 품듯, 우리 아이도 예외는 아니었다. 승무원을 하고 싶다고 했다. 3D 직종의 하나라고 말렸지만, 뜻을 굽히지 않았다. 다음은 가고 싶은 대학을 정하라고 했다. 원하는 대학에 가려면 수능점수를 파악해야 했고, 그 부분은 엄마가 도와줄 수 없으므로, 점수는 본인이 관리하도록 했다.

일단 선택을 했으니 집중이 필요함을 거듭 강조했다. 엄마가 도와줄 수 있는 것이 어떤 것인지 의논했다. 외모는 예쁘장했지만, 큰아이는 잘 웃질 않았다. 나는 큰아이에게 잘 웃어야 한다는 말을 하기보다는, 웃지 않아서 생길 수 있는 사례들을 나열했다. 서비스업에 종사하는 사람이 굳은 얼굴로 서비스를 하면 고객에게 회사에 대해 부정적인 이미지를 심어 주며, 동시에 고객을 불편하게 한다고도 강조했다.

"내가 만약 손님으로 탔을 때 너같이 웃지 않는 승무원이 있다면 불쾌해서 클레임을 걸 것 같아. 3년 동안 네가 할 일은 매일 거울을 보면서 웃는 연습을 하는 거야."

이 말을 특별히 강한 어조로 말했다. 자존심이 상할 수도 있었을 텐데 큰아이는 꿈을 이루고자 하는 의욕이 강해서 매일 연습하는 모습을 보였다. 해가 바뀌어도 목표는 바뀌지 않았다. 인터넷 승무원 카페에 가입해서 정보를 얻는 등 나름 그 세계에 푹 빠져 지냈다.

어떤 일이든 자신이 좋아서 하는 일은 행복을 준다. 억지로 주변의 강요나 본의 아니게 뭔가를 해야 할 때는 기쁘지 않다. 큰아이의 승무원이 되고자 하는 열망은 3년이 지나도 변하지 않았고 대학까지 이어졌다. 그 사이 표정도 많이 밝아졌고, 나도 은근히 기대를 했다. 몇 년 동안 흔들림 없이 꿈을 포기하지 않은 것 자체가 칭찬할 일이었다. 그런데 대학교 4학년 1학기 때 목표를 바꾸었다. 아니 승무원 되기를 포기한다고 했다. 나는 충격을 받지 않을 수 없었다. 이제 취업 준비생으로서 면접을 준비해야 하는 시기에 목표를 바꾼다니 당황하지 않을 수가 없었다. 이유인즉 영어가 부족하다고 했다. 정말 패주고 싶었지만, 참아야 했다. 큰아이는 아르바이트 하느라 영어 실력을 쌓지 못했다고 말했다. 당시 집안이 어려워서 큰아이는 공부하는 틈틈이 아르바이트를 해야만 했다. 큰아이가 내놓은 핑계가 나에겐 너무나 고통스러운 변명으로 여겨졌다. 미안해하는 아이에게 뭐라 할 말이 없었다. 그 일로 왈가불가할 만큼 시간이 많질 않았다. 승무원만 바라보고 준비를 했으니, 다른 쪽으로는 정보도 없어 보였다.

늦게 진로를 바꾼 이상, 꾸물거릴 시간이 없었다. 다시 한 번 '우린 잘 해낼 수 있을 거야'를 외치며 두 손을 맞잡았다. 아이에겐 엄마가 가장 큰 장벽이자, 응원자이다. 엄마가 믿어준다는데 무서울 것이 없지 않은가.

"괜찮아. 엄마는 처음부터 승무원이 싫었어."

속으로는 막막했지만, 이렇게 애써 위로를 해주었다.

큰아이는 예의 바르고 싹싹했기에 늘 주위에서 칭찬이 자자했다. 대학을 졸업하고 학교 조교로 3개월을 근무하던 중, 증권사의 특채 공고를 보고 주위 교수님의 추천으로 원서를 넣었다. 운이 좋았는지 최종 두 명 후보에 선발되었다. 최종 경쟁자는 하필이면 고등학교 선배였다. 큰아이는 중문과 출신인데, 그 선배는 경영학과 출신에다 증권 업무에 필요한 자격증도 세 개나 갖고 있다고 풀이 죽었다. 엄마의 응원이 필요한 때가 왔다. 3년 동안 승무원 준비를 하며 어느 정도 서비스 마인드는 쌓였기에, 풀이 죽어 있는 딸에게 면접 훈련을 시켰다. 내가 만일 면접관이라면 상투적인 것은 질문하지 않을 것 같았다. 그래서 일선 창구에서 고객을 응대하는 태도나 불편사항이 접수됐을 때를 상상하고 연습하기 시작했다. 시선처리도 훈련했다. 면접관들의 눈을 응시하고, 옅은 미소를 띠고, 다섯 분에게 시선을 고루고루 두라고 일렀다. 이렇게 면접 연습을 하며, "넌 잘해 낼 수 있어" 하고 용기를 주었다. 그렇게 연습을 한 덕분에 면접이라는 거사를 잘 치렀다. 면접을 본 지 20분 후 월요일부터 출근하라는 연락을 받았다. 큰아이와 나는 너무 좋아서 쓰러질 뻔했다.

우리는 살면서 여러 난관을 만난다. 아이들에게는 그 모든 것이 새로운 것이고, 그때마다 도전 아니면 포기해야 하는 선택의 기로에 선다. 경험해 보지 못한 것은 언제나 갈등과 고민을 불러온다. 아이가 갈등과 고민을 만났을 때 엄마가 잘해야 한다. 엄마는 자신이 경험해 보지 못한 것까지도 유추해서 길을 안내해야 한다. 그래서 엄마라는 직업이 어려운 것이다. 아이가 알아서 해주기를 바라며 버려둘 수도 있지만, 그건 무책임하다고 생각한다. 엄마가 함께 고민해 주고, 함께 생각해줄 때 자녀는 혼자 설 수 있는 힘을 기르게 된다.

아이가 선택을 했다면, 그 선택이 혹시 옳지 않다는 느낌이 들더라도, 이미 한 선택에는 집중할 수 있도록 응원해주는 것이 좋다고 생각한다. 엄마 역시 늘 옳은 선택을 하는 것은 아니기 때문이다. 자녀에게는 응원만이 최고의 선물이다. 응원을 받은 아이는 엄마에게 기적을 선물한다. 누구도 믿어주지 않는 가능성을 엄마만은 믿어 주자.

우린 반드시 잘해낼 거야

자신감이 많이 결여될 때는 주변 상황이 어려울 때인 것 같다. 나이 마흔이 다 되었을 때 그동안 겪어보지 못한 경제적 시련을 겪었다. 사람은 시련을 겪어봐야 더 성숙해지거나, 본래의 숨겨진 본성을 본다고 했던가. 십수년 전 그해도 여지없이 벚꽃이 흐드러졌고, 아파트 화단에 곱게 핀 목련은 어느 여인을 보는 듯 아름다웠다. 바위틈 사이로 곱게 고개 내민 영산홍은 수줍은 새색시 같았다. 개나리도 질세라 만개를 했다. 마냥 좋을 것만 같은 날들이 어느 날 먹구름과 번개와 천둥을 대동하고 나를 찾아왔다. 어디서 어떻게 손을 쓰고 수습해야 하는지 생각나지 않았다. 갑자기 우리의 모든 것이 어제와 달라졌다.

중학교 2학년, 고등학교 1학년, 대학교 1학년인 아이들. 지금 그때를 생각하니 가슴이 더 답답하다. 넓은 아파트를 떠나 상가 4층에 자리한 작은 주택으로 이사를 했었다. 처음 이사를 겪어본 아이들은 몹시 당황하는 눈치였고, 애써 태연한 척해야 하는 내 가슴은 찢어졌다. 매일 아침 등굣길에 가져가야 하는 돈은 왜 또 그리 많은지, 원래 그렇게 가져갔을 터인데 새삼스럽게 많아 보였다. 제발 학교에 가져가는 돈은 미리 말해주길 바랐다. 준비할 시간이 필요했기 때문이다. 그런 상황에서 손 내미는 아이들도 얼마나 힘들었을까.

하나가 힘들어지니 모든 게 도미노로 힘들어졌다. 정신적으로도 피폐해졌고, 추스를 수 없을 만큼 나약해졌다. 유난스러울 만큼 부유하게 자라지는 않았지만, 그리 어려움 없이 자랐기에 나도 남편도 가난은 커다란 파도였다. 그 무렵 우울증이 친구 하자고 찾아왔다. 다시 사업을 일으켜 보고자 집을 떠난 가장은 여러 날이 지나도 소식이 없었다. 매일매일 그렇게 우리에겐 어려운 생활이 계속되었다.

"엄마가 학원 운영하시느라 많이 바쁘시지? 이럴 분이 아닌데."

어느 날, 학교에서 돌아온 둘째가 선생님의 말을 전했다. 둘째는 그 말을 듣고 고개를 갸우뚱거렸다고 한다.

'올 것이 왔구나!'

둘째의 말에 이 생각이 제일 먼저 들었다. 학급 반장인 아이가 얼마나 민망했을까? 나는 학기 내내 등록금을 내지 못한 것이다. 약간의 돈만 손에 쥐어도 그보다 더 급한 곳을 틀어막기 바빴다. 집에 전화가 끊긴 지도 오래였다. 혹시 선생님이 우리 집에 전화를 했다면 얼마나 많은 생각이 들었을까. 용기가 필요했다. 하지만 누구에게도 아쉬운 소리를 못 하는 성격 탓에 한 이틀은 주저했다. 그러다 결국 용기를 냈다. 난 엄마였다. 집 안을 탈탈 털어 동전을 한 움큼 쥐고, 집 앞 공중전화부스로 갔다. 잠시 망설이다 선생님에게 전화를 걸었다. 너무 올곧고 성품이 참하신 분이라 말하지 않아도 통할 수 있으리라 굳게 믿으며.

"많이 바쁘셨죠?"

그렇게 묻는 선생님은 오히려 나보다 더 민망해하는 듯했다. 아이들보다 더 울보인 나는 보이지도 않는데 웃으려고 애썼다.

"선생님, 사실은 바빠서가 아니라 돈을 준비 못 해서 학교를 못 갔습니다."

며칠 뒤 돈을 준비해서 학교 행정실로 몰래 가려던 참이었다. 그 잠행에 성공했다면 난 별일 없었던 척 위선을 떨며 선생님을 대했을지도 모른다. 동전이 바닥이 날 때까지 그간의 사정을 웃으며 설명했다. 어느새 볼엔 뜨거운 액체가 흘렀다. 선생님은 오히려 섭섭하다며, 일찍 말해 주지 않음을 나무랐다. 날 위로할 심산이었다. 선생님은 위로에 그치지 않고 도움까지 주었다. 새 학년에 이월될 장학금을 학교 측에 부탁해 등록금으로 지불해주었다.

그날의 용기로 난 정말 모든 것이 편해졌다. 아이들에게도 당당하게 말할 수 있었다. 우리가 지금은 경험하지 못한 어려움에 처해 있지만, 각자가 자기 위치에서 최선을 다한다면 우린 헤쳐 나갈 수 있을 거라고. 정말 맥아더 장군처럼 이야기했다.

이야기를 마친 나는 남몰래 다짐했다.

'더 중요한 것은 지금 어렵다고 해서 행동거지나 모든 것이 흐트

러지지 않는 거야. 우린 나아질 거고, 다시 예전처럼 돌아갈 텐데, 그때 가서 부끄럽지 않게 살아가자.'

IMF 직후라 회복이 녹록지 않았다. 그럴수록 나의 다짐을 수없이 되새겼다. 차라리 기회라고 생각하자며 스스로를 다독이기도 했다. 그러나 편안하게 권좌를 누리며 살았던 터라 쉽지 않았다. 생활은 오롯이 나의 책임으로 돌아왔다. 학원으로 한두 명씩 채권자들이 찾아오니 학원 운영마저 더 이상 지속할 수가 없었다. 그래서 시간을 쪼개 할 수 있는 일이면 어떤 일이든 하려고 했다. 오전에는 남의 학원 강사로, 저녁 시간엔 식당 설거지라도 하려고 광고지를 보고 면접을 보러 갔다. 학원뿐만이 아니라 집의 월세 내는 게 부담스러워 할 수 없이 친정집으로 합가를 했다. 시집가서 잘 사는 줄 알았던 외동딸의 귀환에 두 분은 얼마나 상심했을까. 그 와중에도 우리는 서로에게 힘이 되어주려고 많은 애를 썼다.

어느 날 큰아이와 아랫목에 등을 대고 이런저런 얘기를 나눴다. 정말 아프고 힘들다는 얘기는 할 수가 없었고, 내가 공부를 더 하지 못한 아쉬움을 얘기했다. 그러자 불쑥 큰아이가 자기 학교 장학생 선발 기준을 내게 알려줬다. 국가유공자 자녀 장학제도가 내 큰 눈을 더 크게 만들었다.

"엄마, 원서 내보자."

그렇게 원했던 편입학을 이렇게 어이없는 시기에 맞이했다. 아이들도 자기 일들처럼 기뻐했다. 나는 마음 놓고 기뻐할 수 없었다. 아이들 등록금 마련하기도 힘든데 이게 무슨 짓인가 싶었다. 아무리 장학생으로 들어간다고 해도 차비며, 책값이 들 텐데 말이다. 대책이 없었지만 무조건 편입학 원서를 내기로 했다. 희망은 나에게만 기회를 주는 것이 아니었다.

큰아이는 엄마 힘을 덜려고 안 하던 공부를 열심히 해서 장학금을 타오고, 오백 원이 없어서 하교할 때 기웃기웃 히치하이킹을 하곤 했다. 이 어려운 시기에 나는 대학에 편입하여 큰아이 하나와 함께 졸업했다. 나아진 현실은 하나도 없었지만, 우리 네 명은 어느새 동지가 되어 있었다. 서로에게 버팀목이 되어주는 친구가 되어 있었다.

"우린 반드시 잘해낼 거야."

우리 넷은 매일 아침 《시크릿》 책의 동영상을 교과서 삼아 공부하면서 이렇게 외치기까지 했다. 힘들었지만 마음을 뭉치니까 농담도 던질 수 있는 여유가 생긴 것이다.

둘째가 우리 시 대표로 고등학교 여름 페스티벌 축제 사회를 맡게 되었다고 했다. 구경 오라고 해서 분주히 준비를 하던 중이었다. 낯선 남자들이 웅성거리며 대문을 쿵쾅거리는데 가슴이 찢어질 만큼 두렵고 무서웠다. 2금융권의 사람들은 이자가 한 달만 밀려도 시도 때도 없이 찾아오곤 했다. 그런 시절이었다. 몇 달 전 친정엄마가 수술을 받아 병원에서 케어를 하고 있을 때도 어찌 알았는지 병원으로 들이닥쳐 주머니를 탈탈 털어가기도 했었다. 문을 열어줬더니 들어오라 말하기도 전에 건장한 두 남자가 들어와 진을 쳤다. 울면서 매달렸다. 오늘은 돈을 줄 수가 없다. 그리고 오래 당신들에게 잡혀 있을 수도 없다며 사정 이야기를 했다. 그들은 자기들도 오고 싶지 않았지만 어쩔 수 없이 왔노라며 그냥 가는 일은 절대로 없을 거라 말했다. 하지만 그들도 사람인지라 내가 너무 불쌍해 보였는지, 약속을 지킬 것 같아 보였는지, 내일을 기약하며 집을 나갔다. 내 얼굴에서는 닦아도 닦아도 하염없이 눈물이 비처럼 흘러내렸다. 겨우 눈물을 거두고 부랴부랴 공원에 달려갔다. 많은 인파 속에서 스포트라이트를 받으며 힘차게 진행을 하고 있는 둘째가 눈에 들어왔다.

'그래, 내 딸이야. 당연하지.'

얼룩져 엉망인 얼굴에서 어느덧 미소가 새어 나왔다. 옷매무새를 가다듬자 움츠렸던 어깨가 펴지면서 내 목에 빳빳하게 힘이 들어갔다. 방금 전까지 무릎 꿇고 가슴 졸이던 그 여자는 간 곳이 없고, 잘난 딸을 둔 발랄한 엄마만 있었다. 지금까지도 혹여 아이들 가슴 아파할까 그날의 이야기를 상세히 말하지 않았다. 모르면 어떠랴, 난 엄만데!

이런 난관을 거치면서 아이들도 나도 담대해져 갔다. 어떤 일에든 당당하게 맞서려는 용기가 생겼다. 엄마는 늘 보여주는 사람인 것 같다. 자신감이 쌓여 자존감으로 자리 잡을 때까지 세상의 모든 엄마는 두 주먹을 불끈 쥐어야 된다고 생각한다. 어느 과목보다도 중요한 인성교육은 엄마의 무한한 관심과 자기희생이 뒤따라야 한다. 그 속에서 아이의 자존감은 자란다. 자라난 자존감은 어떤 어려움도 헤쳐나갈 수 있는 힘이라고 감히 말한다.

불행이 나를 멈추게 할 때

온 국민이 하나 되어 "오! 필승 코리아"를 외치던 2002년 한일 월드컵. 그때의 태극 물결 응원이 생각난다. '꿈은 이루어진다'라는 구호 아래 하나가 되기도 했었다. 정말로 꿈이 이루어지면 얼마나 좋을까. 그런데 우리 막내의 꿈이 어느 날 갑자기 이루어졌다.

어릴 적 나는 할머니와 함께 살았기 때문에 오롯이 나만의 공간을 갖는 데 이십 년이 걸렸다. 숨기고 감출 것도 없는데 어릴 땐 나만의 방을 갖는 게 소원이었다. 나중에 딸아이가 태어나면 꼭 자기 방을 갖게 해주리라 마음먹었다. 세 아이는 어렵지 않게 각자의 방을 일찍부터 차지했다. 내가 유년시절 가져보지 못한 '나만의 공간'에 대한 막연한 환상 때문에 일찍 독립적인 공간을 마련해준 것이다. 그것을 해낸 것이 내심 뿌듯했다.

하지만 아이들의 생각은 달랐다. "안녕히 주무세요!" 노래하듯 인사하고 각자의 방으로 흩어져도 아침이 되어 방문을 열어보면 어느

새 한 방에 소복이 모여서 자고 있었다. 왜 이렇게 모여서 자느냐고 물었더니, 혼자 자면 무섭고 다 같이 자면 더 좋다고 말했다. 거기에 한 술 더 떠 막내는 드라마 속 육남매 집이 제일 부럽다고 했다. 이유인즉 모두가 한방에서 자기 때문이라는 것이다.

몇 년 후 막내의 그 소원은 슬프게 이루어졌다. 갑자기 4층 건물 옥탑방으로 이사를 간 날, 방 두 개에 좁은 거실 공간이 살던 집의 반쪽보다도 작았다. 어이없어할 시간도 없었다. 마당 한가득 쌓인 노란 이사 바구니가 나를 재촉하고 있었다. 하염없이 눈물을 목구멍으로 삼키며 4층까지 날랐다.

갑자기 변한 환경에 아이들이 당황할 법도 한데 잘 견뎌주는 것 같았다. 중앙난방식 아파트에서만 살아본지라 단열이 안 된 벽 사이로 새어 들어오는 칼바람이 힘겨웠다. 남편은 잠시만 고생하자며 보일러에 기름 한 통을 넣어주고는 집을 나섰다. 13만 5천 원. 잊히지도 않는다. 기름 한 드럼 값이었다. 한 드럼을 넣으면 한 달은 너끈히 땔 수 있으리라 생각했다. 하지만 외풍이 너무 세서 하루 온종일 틀었더니, 11일 만에 기름이 바닥났다. 수중에 가진 돈은 없었고, 행여 걱정하실까 친정 부모님에게는 말할 수가 없었다. 할 수 없이 좁은 거실에 옥매트를 깔았다. 아이들 셋을 뉘이니 겨우 딱 맞았다. 이불을 두 겹 세 겹 뭉쳐서 매트 옆에 붙이고, 우리 집 반려견 핑키와 그렇게 쪼르륵 붙었다. 콧등은 시려 입김이 나올 지경이었지만, 서로의 온기로 그렇게 한겨울을 지냈다. 아이들은 오히려 나를 위로했다.

"엄마, 우리는 이렇게 자는 게 소원이었어요. 너무 재미있어요."

절망보다 더한 나날이 무기력하게 흘렀다. 손가락 하나 까딱할 수 없을 만큼 힘이 빠져나갔고, 정신은 점점 피폐해져 갔다. 이대로 그냥 아침이 오지 않길 바란 날이 얼마나 많았는지……. 지친 엄마를 바라보는 아이들의 눈엔 겁이 잔뜩 들어 있었다. 혹시 엄마가 어찌 되지나 않을까 하는 두려움도 보였다. 힘을 내어보려 해도 자꾸만 나락으로 가라앉았다.

어느 날, 나를 일으키는 사건이 있었다. 외출해서 돌아와 보니 둘째가 보이질 않았다. 어디 갔느냐고 큰아이에게 물으니 안방에서 인기척이 났다.

"엄마, 저 여기 있는데 나갈 수가 없어요."

무슨 일인가 들어가 봤더니, 둘째는 너무 많이 옷을 껴입어서 침대에서 몸을 일으키질 못했다.

"엄마, 누워서 인사해서 죄송해요."

그러고는 까르르르 웃었다. 매일 밤 추위에 떨면서도 아이들은 누구 하나 원망하지 않고 서로를 보듬고 아끼고 있었다. 자칫 자기들이 칭얼대기라도 하면 그냥 엄마가 터져버릴지도 모른다고 생각했었나 보다. 정신이 번쩍 들었다. 어쩌면 우리보다 더 힘든 이웃이 있을 수도 있는데, 너무 모르고 살진 않았을까 생각하기 시작했다. 그러고 나니 많은 것이 보였다. 추운 날 시장 좌판에 사과 두 개, 배 두 개 놓고 하루 종일 팔리기를 기다리는 할머니, 폐지를 줍는 노인, 전에 보이지 않던 많은 것이 눈에 들어왔다.

'참 교만한 삶을 살았구나.'

나는 스스로를 매섭게 질책했다.

쌀통을 열어보니 쌀이 한 톨도 없었다. 겨울방학이라 아이들은 외가에 가는 일 말고는 거의 집 안에서 시간을 보냈다. 힘들고 지루했을 텐데 웃음을 멈추지 않았다. 발이 시려 매트에서 화장실까지 가기를 꺼리는 핑키를 보면서, 보일러 고장으로 온수가 나오지 않아 한겨울에 모두가 고양이 세수를 하는 모습을 보면서 웃었다. 이 방에서 저 방, 그 짧은 거리를 하나, 둘, 셋 구령과 함께 뛰어가면서 깔깔거렸다. 갈수록 점점 더 크게 웃어줬다.

그 웃음에 보답하고 싶어 어느 날 하얀 밀가루로 수제비를 끓였다. 세 분의 귀빈을 모신 뒤 식탁 위에 촛대를 세우고 초에 불을 붙였다. 나는 귀빈들께 우리 레스토랑을 찾아줘서 감사하다는 인사를 드렸다. 양말을 세 겹, 외투를 두 겹 겹쳐 입은 나의 손님들이 웃어주었다. 다음 날 저녁엔 똑같은 메뉴를 줄 수 없어서 흰 수제비에 빨간 고추장을 풀었다. 그러고는 인도식이라고 명명하며 또 수제비를 대접했다. 그렇게 우리 레스토랑에서는 수제비의 향연이 종종 벌어졌다.

두 달에 한 번 정도 경주에 있는 호텔을 찾았다. 정확히 말하면 호텔 로비에 놀러간 것이다. 아이들이 어릴 때 생일을 맞으면 작은 레스토랑을 예약하거나 호텔에서 식사를 하게 해 줬다. 그래서 당연히 생일엔 호텔에서 식사를 하는 건 줄 알았단다.

하지만 어느 날 이후로는 꿈도 꿀 수 없었다. 그런 현실에서 아이들에게 언젠가는 예전의 삶으로 회귀할 수 있다는 희망을 주고 싶었다. 지금 힘들다고 흐트러지면 안 된다는 걸 의식적으로 알게 해 주고 싶었다. 실내 수영장에서 수영도 못하고, 전망 좋은 라운지에서 달콤새콤한 주스도 못 마시지만, 우리는 커다란 모카빵 하나와 500밀리 생수 한 병을 들고 호텔 입구에 붙은 의자에 앉아 두어 시간 이야기를 나누었다. 언젠가는 다시 전망 좋은 라운지에서 맛난 음료를 마시는 그날을 상상하고 돌아왔다.

막내가 고등학교 3학년 때의 일이다.

"엄마가 여유롭게 해주지 못해서 정말 미안하다."

그랬더니 의외의 답이 왔다.

"엄마, 괜찮아요. 우리는 어릴 때 많은 충전이 되어 있어서 아무렇지 않아요. 우리 반 애들은 고3인데 아직 호텔을 한 번도 못 가본 애들이 많아요."

많은 생각이 머리를 스치게 했다. 집안이 어려워지면서 모든 사회생활과 모임을 다 끊고 오직 아이들에게만 집중을 했다. 어떤 것이라도 아이들과 함께했다. 누군가 가난은 불편할 뿐이라고 했지 않았던가. 아이들은 많이 불편했을 텐데, 그저 '불편할 뿐'이라 생각하며 견디고 있었던 것이다.

가끔 그 4층 옥탑방을 차로 스친다. 스쳐갈 때마다 가슴이 아린다. 우리 모두를 철들게 했던 그 옥탑 방. 어쩔 수 없는 상황이어서, 그렇게밖에 할 수 없어서 했던 모든 일이 혹여 아이들에겐 상처가 되지 않았을까. 예상치 못한 일은 언제든 우리를 찾아올 수 있다. 이만

어떤 순간 어떤 상황에도 진실되게
최선을 다하는 것이 옳은 것 같다.
그러면 사랑하는 사람만큼은 아픔을 이해한다.
나의 아이들이 그러했듯이.

큼 아이들을 키워서 뒤돌아보니, 어떤 순간 어떤 상황에도 진실되게 최선을 다하는 것이 옳은 것 같다. 그러면 사랑하는 사람만큼은 아픔을 이해한다. 나의 아이들이 그러했듯이.

chapter 3

빨리 가는 아이보다 완주하는 아이로 키우기

스스로 설 수 있어야 걸을 수 있다

사무실을 세 칸 나누어서 바리스타 학원을 하는 둘째와 플로리스트인 막내 그리고 내가 각각 한 칸씩 쓰고 있다. 방음을 고려하지 않고 칸막이 공사를 한 터라, 정확한 내용까지는 들리지 않아도 귀 기울이면 곧잘 강의 소리 정도는 들렸다. 요즘은 SNS가 모든 소통의 장이 되므로 수강생 상담이나 수강신청이 이 공간을 통해서 이루어지는 것 같다. 딸들이 부러웠지만 아직은 내 모습을 만천하에, 그것도 내용 없이 예쁘고 잘난 것만 자랑하기엔 낯간지러워 SNS로 따라 해보진 못했다.

때마침 휴식시간에 둘째의 바리스타 학원에 상담 전화가 온 듯했다. 보통은 상담 예약을 하고 방문 상담이 필수인데, 어느 졸업생의 권유로 무작정 상담전화를 한 듯했다.

"네, 네, 필요하시면 다시 전화 주십시오."

둘째는 십여 분의 상담 끝에 전화를 끊었다. 바리스타 학원으로 가서 둘째의 표정을 살피니 뭔가 문제가 생긴 듯했다. 무슨 일인지 물었고, 상담 내용을 듣고 같이 고민했다.

어느 오십대쯤 되는 아주머니가 7월 접수가 마감되었냐며 다그치듯 질문했다고 한다. 지금이 7월 10일쯤이니 충분하리라 생각하고 전화를 한 모양이다. 하지만 7월 접수가 마감이 된 상태라 둘째는 9월 수강은 어떻겠느냐고 물었다. 그러자 의외의 답이 왔다. 아들에게 전화해서 물어보고 다시 전화를 주신다고. 아들의 나이를 물으니 스물아홉이라고 했다. 알고 보니 전화를 한 아주머니가 아니라 아들이 수강을 하는 것이며, 어머니가 아들의 바리스타 학원을 대신 알아보고 있었던 것이다.

둘째와 나는 마주 본 채 한동안 멍하니 아무 말도 하지 못했다. 그 아주머니의 안타까운 마음도 이해가 갔지만, 아직도 초등학교 시절 신발주머니 챙겨 주는 마음으로 아들의 장래까지 챙기고 있다는 생각이 들었기 때문이다.

한번은 이런 적도 있었다. 이번에도 아주머니와 아들이 등장한다. 방문 상담을 온 아주머니가 본인 건물에 카페를 오픈해 아들에게 운영을 시키고 싶다며 컨설팅을 부탁했다. 아들과 직접 통화한 후 상담을 다시 하자고 하고는 아들에게 전화를 걸었다. 그런데 통화해보니, 아들은 카페 운영을 전혀 생각하지도 않고 있다고 했다. 누구 잘못일까? 둘째는 두 아들들을 마냥 부러워했다. 우리 집에서는 절대 있을 수 없는 구전동화 같은 이야기라면서.

둘째와 막내가 같은 중학교에 다닐 때이다. 그때는 급식이 없어서 도시락을 싸서 학교에 가던 시절이라 퇴근 후 저녁 장을 봐놓지 않으면 도시락 반찬이 부실하기 일쑤였다. 월말이라 회사가 정신없이 바빠 그날도 장보는 것을 깜빡했다. 아침에 냉장고를 열어보니 계란 몇 알만이 날 비웃듯이 들어 있었다. 아침 시간 5분은 황금시간이므로 재고 말고 할 것 없이 날 비웃는 계란을 대접에 확 풀고 파 송송 썰어 프라이를 했다.

'차라리 다른 집 아이처럼 햄이나 소시지라도 먹일걸.'

어릴 때부터 아토피가 있어서 일절 가공식품을 먹이지 않았다. 그래도 세 칸짜리 반찬통을 프라이 하나로 채우기에는 너무 민망했다. 하는 수 없이 잔머리를 굴렸다. 쪽지 편지를 반찬으로 위장시켰다.

막내의 반찬통 위에는,

"오늘 반찬은 사랑이야, 엄마가 널 얼마나 사랑하는지 알지?"

둘째에게는,

"난 네가 있어서 너무 든든해. 남의 아들 열 안 부러워하는 거 알지? 사랑해. 오늘 반찬이야."

이렇게 쪽지 편지를 써서 비어 있는 반찬통을 채웠다. 정말 하루 종일 마음이 쓰였다. 퇴근 후 아이들을 보자마자 먼저 사과했다.

"미안해. 엄마가 바빠서 미처 챙기지를 못했어."

그런데 아이들의 반응이 의외였다.

"아니에요, 오늘 제 반찬이 최고 인기였어요. 어떤 친구는 '도대체 우리 엄마는 집에서 뭐 하나 몰라 이런 편지도 좀 안 써주고' 하면서 부러워했어요."

궁여지책으로 반찬을 채웠던 그날의 추억을 훗날 아이들이 되새겼다. 늘 엄마와 함께하는 시간이 적어 아쉬웠지만, 그 편지를 하루 종일 품에 품고 있으니 엄마와 하루 종일 함께하는 것 같아 좋았다고.

막내가 중학교 3학년 때의 일이다. 아무리 커도 막내는 막내다. 어느 집이든 막내 특유의 특권의식과 막무가내식 떼쓰기가 조금씩은 통한다. 우리 집도 예외는 아니다. 단지 농도 조절은 본인이 알아서 한다. 어느 정도가 엄마에게 먹힐지를 재는 것 말이다.

어느 날, 회식이 있어서 귀가가 아홉 시쯤 될 것 같다고 전화를 했다. 전화 받은 큰아이가 "엄마, 지금 큰일 났어요" 하며 숨을 헐떡거렸다. 이유를 물으니, 학교에서 돌아온 막내가 방문을 걸어 잠그고 대성통곡을 한다는 것이다. 순간 가슴이 덜컥했지만, 이미 집에 있고, 다른 식구도 있고, 뭔가를 알리고 싶은 메시지가 있으리라 짐작되니 흥분할 일은 아니라고 생각했다. 큰아이에게 특명을 내렸다. 엄마가 도착하기 전까지 막내의 슬픈 사연을 들어 놓으라고 말이다.

조금 더 일찍 갈 수도 있었지만 집 근처 벤치에서 시간을 보낸 뒤 아홉 시를 채워 집에 들어갔다. 늘 그랬듯이 아이들은 현관까지 뛰쳐나와 나를 반겼고, 나는 아무것도 모른다는 듯 여느 때처럼 하루 일과를 물었다. 눈이 퉁퉁 부은 막내는 나보다 키가 더 웃자라 있었지만, 그날은 내 무릎에 앉는 영광을 줬다. 남이 들으면 웃을 일이지만, 우리 집에서는 그런 스킨십이 아직도 먹힌다.

"그 애가 나빴어요."

언니 둘은 막내 편을 드느라 다짜고짜 쌍수를 들며 거품을 물었다. 막내에게 자초지종을 나지막이 물었다. 언니들이 졸업하고 떠난 학교에 혼자 남은 막내는 누군가에게 의지하고 싶어 했고, 그런 막내를 조금은 남자아이같이 잘 보호해 주는 친구가 있었다. 그런데 그 친구에 의해 왕따 비슷한 일이 일어났다고 했다. 그래서 막내는 내일부터 무서워서 학교를 못 가겠다고 했다.

지난 일요일 그 친구와 한 약속을 잊고 다른 친구를 만났다는 게 그 원인이었다. 친구는 사과를 해도 들어주지 않았고, 10분 휴식 시간마다 다른 친구를 모두 모아 막내를 외톨이로 만들었다.

"십 분이 한 시간 같았어. 너무 무서웠어."

막내의 말에 당장 학교에 전화하고, 그 친구 집에도 전화하고 싶었다. 나도 똑같은 엄마였다. 그런 마음을 꾹 참고 막내를 무릎에 앉힌 채 이야기를 나누었다.

"너는 깜빡해서 약속을 잊었지만, 그 친구는 충분히 너에게 화났을 수 있어. 내일 다시 한번 사과하는 게 어때?"

하지만 무서워서 한사코 학교를 못 가겠다고 했다. 벌써 시계는 자정을 넘어가고 있었다.

"그래, 그럼 내일 학교는 하루 쉬도록 하자."

그랬더니 그 시간에 외할머니가 보고 싶다며 데려다 달라고 했다. 너무 웃겼지만, 그 길로 지척에 있는 외할머니 품으로 치유차 보냈다. 다음 날, 일찍 담임선생님께 감기라고 거짓말을 하고 결석을 시켰다. 그리고 왕따를 시킨 친구에게 전화를 했다.

"은아, 어제 학교에서 무슨 일 있었니? 갑자기 머리가 아프다고 학교를 안 간다고 하는구나. 네가 선생님께 우리 세나 오늘 결석한다고 말 좀 해 주겠니? 그리고 아줌마에게 전화 좀 해주면 고맙겠다."

부탁 아닌 부탁을 했다. 아이들의 순수를 믿었다. 아이는 아이들 방식이 있기 때문이다. 하루 종일 친구들이 외할머니 댁으로 안부 전화를 했다. 전화한 친구들 중에 은아도 있었다.

"하루 더 쉴까?"

막내는 내 질문에 이렇게 답했다.

"아니요, 내일은 갈 거예요."

나는 은아에게 고맙다고 전화를 해줬다. 안부전화 해줘서 고맙다고 말이다.

요즘은 자녀를 많이 낳지 않기 때문에 누구 자식이나 다 귀하고 아깝다. 하지만 귀하고 아깝기 때문에 우리는 아이가 어렸을 때부터 옳고 그름을 잘 가르쳐야 한다고 생각한다. 식당이나 공공장소에서 자신이 대가를 지불했다는 이유로 아이가 마음대로 해도 상관하지 않는 엄마를 종종 본다. 그럴 때마다 참 아쉽다. 지금 당장은 문제가 안 되지만, 훗날 배려도 양보도 질서도 못 배운 아이들이 자기 장래에 대해서 고민할 필요를 느끼겠는가. 사교육에 많은 투자를 아끼지 않음을 자랑할 게 아니다. 거시적인 안목을 갖춘 부모의 교육이 정말 필요하다고 생각된다.

걸음마를 시작하는 아기는, 혼자 설 수 있어야 걸을 수 있다. 걷기 위해서는 혼자 설 수 있는 근육이 필요하다. 그런 근육을 키워주지 않으면 캥거루가 된다. 언제까지 엄마 품에 기대어 살려 한다. 독립하여 성숙한 어른으로 살아가게 하려면, 어릴 때부터 혼자 설 수 있는 연습을 시켜야 한다. 그것이 교육의 기본이다.

자녀의 길을 열어주는 엄마의 선택

아이는 자라면서 수많은 선택을 한다. 여러 가지 조건이 맞는 선택일 때도 있지만, 그렇지 않은 경우가 더 많다. 조금 도전적인 성향을 가진 아이일수록 많은 시도를 하려 한다. 우리 집엔 둘째가 그런 편이다. 항상 도전을 겁내지 않았고, 새로운 것에의 도전을 흥미로워했다. 이런 성향은 성인이 되어서까지 이어졌다.

대학교 1학년 겨울방학을 맞아 둘째는 아르바이트 계획을 말했다. 유흥주점을 제외하고는 그리 큰 제약을 두지 않은 터라 다양한 아이템을 구상하고 결정한 듯 말했다. 둘째의 아르바이트 계획은 기실 사업 계획에 가까웠다. 반려견 옷을 만들어 팔겠다는 것이다. 듣는 순간 안 되는 일이라는 생각이 들었지만 반대 의견을 꺼내지는 않았다. 나는 아이의 말도 안 되는 제안이라 할지라도 바로 그 자리에서 "안 돼" 하며 반대하지 않는다. 본인은 나름대로 심사숙고 끝에 내린 결정일 텐데, 일언지하의 반대는 더 이상의 대화를 차단하는 지름길이 되기 십상이기 때문이다. 참고로 자녀의 나이에 따라서도 부모의 반응은 달라져야 한다. 아이는 대학생만 되면 어른으로 대접받길 원한다. 그러므로 어른으로 대접해주는 연습이 필요하다. 반대를 하면 반대를 하는 부모의 이유도 타당해야 한다고 본다.

사업 계획서를 요구했다. A4 세 장 분량으로 구체적 동기 등을 진술할 것을 요구했다. 다음 날 둘째에게서 메일로 세 장의 사업계획서가 도착했다. 한 가지만 지적할 생각이었다. 구체적인 동기는 잘 나열했으나, 사업 초기 자금 10만 원의 준비과정이 빠져 있었다. 밑줄을 그어 반려시켰다. 충분히 보완해서 다시 보내주길 희망했다. 다음 날은 판로를 지적했다. 또 그다음 날은 원단 구매 가격과 판매가의 비율이 맞지 않음을 지적했다. 이렇게 서너 번을 보충하도록 했더니, 둘째는 처음에 하고 싶다고 흥분했던 때보다 차분해진 모습을 보였다. 그 후 이 사업이 자신의 생각과 잘 맞지 않음을 느꼈는지 다시 한 번 검토해 보겠다고 하더니 사업 계획을 접었다.

조금 먼저 산 엄마 눈엔 처음부터 여러 가지 허술한 점이 보였다. 때문에 아이가 더 어른스럽게 사업가적인 시각에서 바라보길 바랐다. 본인이 너무 쉽게 생각했다는 것을 자각시켜 줄 필요가 있었다. 이런 대응은 자녀에게 상처 주는 반대 이유가 되지 않는다. 둘째는 사업을 벌이는 대신 그 겨울 자기가 입던 티셔츠 하나를 밤새 재단해서 예쁘게 옷 한 벌을 만들었다. 나는 그 열정에 칭찬을 아끼지 않았다.

선택이 늘 자신의 생각대로 결과를 내지 않을 때도 있다. 둘째는 대학을 졸업하고, 그 대학 총장 비서실에 근무하게 되었다. 다른 엄마와 다를 바 없이 곧바로 취업이 되어 기쁘기 그지없었다. 졸업을 하고도 집에서 독립 못하는 주변 친구 자녀를 여럿 보아온 터라 너무 감사하기까지 했다. 그 아이 장래보다도 내 체면을 세운 것 같아 더 기뻤음이 옳은 표현일지도 모른다. 내 생각에 그 일은 단아한 둘째의 이미지에 너무 잘 맞았다.

그 무렵 대형 커피숍이 하나둘 큰길을 차지하고 있었다. 나는 오십이 넘은 나이에 아이들 학습지를 들고 밤늦게까지 이 집 저 집을 방문하는 일에 지쳐가고 있었다. 좀 쉬면서 일할 수 있는 나만의 공간이 절실했다. 무모하게 바리스타 교육을 받으러 갔다. 첫 시간에 강사는 교육을 받는 이유를 적어내게 했고, 난 그해 가을 카페를 창업하겠다고 적었다. 그것도 10월 어느 날로. 아이들에게도 선포했다. 모두 기뻐하면서도 놀라는 표정이었다. 일단 카페를 오픈할 여력이 내게 없음을 알기 때문이었다. 이미 시장조사는 1년 전부터 짬짬이 하고 있었다. 매일 저녁 동네를 훑었다.

어느 날 빈 점포가 눈에 들어왔다. 할렐루야! 매일 스쳐 지나치던 곳인데, 아이들이 어릴 때 다니던 서점이었는데, 1년 8개월 동안 그 곳이 비어 있었는 줄도 모르고 살았는데, 비로소 내 눈에 들어온 것이다. 마음에 들었다. 고작 스물여섯 평짜리 가게지만 말이다. 점포세도 물어보지 않고 매일 밤 아이들을 데리고 점포 앞으로 갔다.

"엄마는 여기에 카페를 만들 거야. 여기는 들어가는 문이고, 이쪽

계단은 올려서 데크를 깔 거야. 이쪽은 바를 만들 거고, 커피머신은 이쪽에 둘 거야."

누가 보면 내일이라도 오픈하는 줄 알았을 것이다. 그냥 6개월을 매일 그 짓만 반복했다. 말하자면 침만 바르고 다녔다. 처음엔 '될까?' 하는 눈빛을 띠던 아이들도 시간이 지나면서 적극적으로 자기들의 생각을 제안했다.

8월쯤 가슴을 졸이며 점포 주인에게 전화를 걸었다. 오랫동안 비워져 있던 터라 점포 세가 수준에 맞았다. 보증금 오백에 월세 팔십, 싼 월세는 아니었지만, 보증금이 맘에 들었다. 전화를 끊으며 나의 카페가 탄생하는 순간의 기쁨을 만끽했다. 10년 넘게 돌아다니던 몸을 고정할 수 있는 것만으로도 가슴이 벅찼다.

그러나 나 역시 사업을 해본 적이 없었기에 상당히 구체적인 척했지만, 나중에 뒤돌아보니 내용이 현실적이지 못했다. 어렵게 공사가 시작될 무렵, 둘째가 슬며시 제안을 해왔다. 자기가 카페를 도우면 안 되겠느냐고 말이다. 멀쩡하게 그것도 남들에게 부러움을 받으며 잘 다니는 직장을 왜 그만둔다는 것인가?

"아르바이트생 쓰면 돼. 굳이 필요 없어."

나의 거절에 둘째는 살짝 서운해 했다. 사실 둘째는 일찍부터 커피에 관심을 가지고 있었고, 바리스타 자격증까지 소지하고 있었다. 며칠 동안 둘째는 나를 설득하는 데 매달렸다. 그래서 왜 그만 두려 하는지 이유를 물었다. '커피를 더 구체적으로 공부하고 싶다'가 1번이었고, '비서일이 본인에게 맞지 않는다'가 2번이었다. 누가 봐도 일등 비서감인데 말이다. 나중에 알게 되었지만, 외모나 인사성은 일등이었지만, 비서실 업무 특성상 필요한 민첩함이나 임기응변이 둘째에게는 다소 부족했다는 것을 알았다. 결국 나는 조건부 허락을 했다.

"서른이 될 때까지 카페에서 일 봐 주면서 하고 싶은 공부 마음껏 해봐. 동네 카페에서 그냥 커피 뽑는 아가씨로 남으려면 애초에 생각도 하지 말고."

주변의 모든 친구들이 나의 결정과 딸의 선택에 대해 수군거렸다. 잘 다니던 직장을 왜 팽개치고 커피를 팔고 있느냐면서. 일단은 딸을 믿어 주고 싶었고, 설사 잘못된 판단이었더라도 아직은 젊기에 기회를 주고 싶었다. 둘째는 카페에서 밤늦게까지 일하면서 바리스타 대회를 준비하기도 했다. 난 그런 대회가 있는지도 몰랐다. 둘째는 열심이었고, 가족도 열심이었다. 새벽을 넘어 아침 해가 멀리서 올라올 때까지 식구들이 심사위원이 되어주며 함께 모의대회를 치르기도 했다.

자녀를 키우면서 우리는 몇 번이나 전율을 느껴 볼 수 있을까? 나의 경우 세 번은 확실히 느꼈다. 막내가 3분짜리 작품으로 무대 위에서 춤사위를 맘껏 뽐냈을 때, 큰아이가 "엄마 저 최종 합격했어요."라고 증권사에 취업했음을 알려줄 때, 마지막으로 둘째가 코엑스에서 바리스타 부산 대표로 출전하여 전국 선수들과 기량을 뽐내며 인터뷰할 때 난 감전된 듯 전율을 느꼈다.

때로는 정말 불안하고 불확실해 보여도
자녀를 믿어주고 응원해주자.
생각보다 훨씬 큰 열매로 돌아올지도 모른다.

둘째는 지금 전국을 돌며 바리스타 강의를 하며, 대회 심사위원으로도 활동하고 있다. 결국 카페를 열기로 한 나의 선택이, 아이의 선택을 존중해준 나의 믿음이 둘째의 인생을 바꿔놓은 것이다.

미래는 불확실해서 더 재미있다고 했던가. 부모들은 대체로 자녀가 남들이 가는 안정된 길을 가기를 원한다. 그 바람이 자녀에게는 강요일 수도 있다. 때로는 정말 불안하고 불확실해 보여도 자녀를 믿어주고 응원해주자. 생각보다 훨씬 큰 열매로 돌아올지도 모른다.

네가 근사한 어른으로 자라기를 바라기에

하루하루 나 자신에게 주문을 건다. 아이가 셋이다 보니 다양한 요구와 다양한 문제에 부딪힌다. 언제나 현명한 판단을 내리거나 정확한 답을 줄 수는 없다. 그렇지만 아이들에게 엄마가 최선을 다하고 있다는 것을 보여 주기 위해 노력한다. 이런 노력은 아이 셋을 키우는 데 상당한 도움을 줬다.

둘째가 고등학교 1학년 때의 일이다. 느닷없이 학교를 자퇴하고 싶다고 심각하게 말했다. 이게 웬 날벼락인가. 무난한 학교생활에 지나칠 정도로 모범생인 딸이 그것도 학급반장인 딸이 자퇴를 하겠다니! 순간 내 머릿속은 백짓장이 되었다.

'우리 집에도 문제아가 하나 탄생하려나 보다. 어쩌지?'

이 모든 게 사업 망한 남편 탓 같았다. 아이의 생각 따위는 물어보지도 않고 나만의 비참한 소설을 쓰기 시작했다.

'내가 뭘 잘못했을까? 임신 중에 이 아이만 특별히 이상한 음식을

먹은 건 아닐까?'

기억나지 않는 과거를 더듬으며 머리를 쥐어뜯었다. 뭔지는 모르지만 다 내 탓만 같았다. 다행히 말을 먼저 내뱉지 않는 나의 성격 탓에 그 짧은 고통의 순간은 아무도 눈치 못했다. 둘째에게 조용히 이유를 물었다.

"친구들이랑 꿈 이야기를 했어. 그런데 다들 꿈이 없더라고. 꿈이 있다고 말한 친구는, 현모양처래."

둘째는 너무 고민이 많이 되었다고 했다. 꿈이 없는 친구들과 3년을 같이 공부해야 한다는 것이, 너무 끔찍하다고 표현했다. 이유를 듣고 난 슬며시 기뻤다. 본인은 꿈이 있다는 말이 아닌가. 하긴 어릴 때부터 조금은 모든 면에서 다른 자매들과는 엉뚱하리만큼 다른 아이였다. 따라서 이 아이에 대한 나의 대응 방법도 늘 달라야 했다.

그러던 어느 날, 둘째가 학교 가기 싫다고 했다. 두 말도 않고 쉬라고 했다. 혼자 영화도 보고 뒹굴뒹굴 시간을 보내면서 지루함도 느껴볼 수 있도록 쉬게 한 것이다.

"그런 생각이 들 때 누구보다 네 마음이 가장 답답할 텐데, 엄마가 큰 위로가 되어주지 못해서 미안해. 쉬면서 찬찬히 생각해보렴."

내가 아량 넓은 엄마여서 그런 건 아니었다. 만약 셋 다 이렇게 나오면 대책이 불가함을 알기에 한번 방임하듯 생각할 시간을 준 것이다. 나는 둘째에게 짧은 응원을 덧붙였다.

"넌 잘 이겨낼 수 있을 거야. 넌 항상 그런 아이였으니까."

훗날 아이는 그냥 엄마가 막 혼내주길 바랐다고, 그래서 자기도 다른 아이들처럼 엄마에게 한번 대들어 보고 싶었다고 했다. 뭔지 모를 사춘기의 파도가 마음속에 높게 일렁였었나 보다.

둘째는 또래에 비해 말이 조금 늦고 한글도 조금 늦게 깨쳤다. 그때 내가 '이 아이는 도대체 누굴 닮아서 이러나?' 하며 유전자 찾기 놀이에만 집중했다면 어땠을까? 아마도 둘째는 당당한 성인으로 성장하지 못했을 것이다.

아이를 키우면서 엄마들이 흔히 범하는 오류 중 하나는 엄마의 자존심 때문에 아이의 자존감을 망가트리는 일이다. 어린이날 행사장이나 아이들을 위한 이벤트장에 가보면 아이들이 무대에 올라가 장기 자랑을 하면 선물을 주는 차례들이 꼭 있다. 신나는 음악이 울리면 엄마들은 너나없이 아이의 등을 떠민다. 수줍음 타며 뒷걸음질 치는 아이를 엄마는 낚아채 듯 무대 위로 올려놓기도 한다. 그러면 춤추는 친구들 사이에서 울음만 터트리다 내려오는 아이도 있다. 이런 경우 아이는 엄마가 원하는 자신감 있는 아이와 더 멀어지게 된다. 아이가 용기날 때까지 엄마의 욕심을 비우고 기다려주는 지혜도 필요하다.

지금 돌이켜봐도 내가 잘했다고 생각하는 것은 조금은 엉뚱했던 둘째를 이웃집 아이들과 비교하지 않은 일이다. 기다려주고 칭찬해 준 일이다. 어떤 행동이든 그 아이 하나만 바라보고 평가했고, 칭찬을 해줬다. 이런 교육관 덕분인지 둘째는 매사에 자신감을 보였고, 도전적인 성격으로 변해갔다.

둘째는 대학시절 참 다양한 종류의 알바를 했다. 제과점, 안경점, 웨딩업체, 국밥집까지 말이다. 천성이 밝고 정직해서인지 어느 곳에서든 환영을 받았다. 어떤 곳에서든 최선을 다했다. 그러니 어느 주인이 마다하겠는가.

웨딩업체에서는 졸업 후 정식 취업까지 해주기를 바랐다. 거금을 들여 청담동에서 신랑 신부 헤어디자인까지 가르쳐 주었으니 정말 탐을 낸 것이다. 2주간의 트레이닝을 받은 둘째는 드디어 예식을 기다리는 신랑들의 헤어를 담당하게 되었다. 그날 모든 신랑들이 공장에서 찍어낸 듯, 모두가 똑같은 바람머리를 하고 입장했다고 했다.

"엄마, 미용기술은 제 적성에 안 맞는 것 같아요."

일이 좋고 싫음을 떠나 적성에 안 맞으니 안 하는 게 낫겠다는 결론을 쉽게 내렸다. 그렇게 웨딩 알바를 그만둔 뒤 동네 제과점, 안경점을 거쳤다. 그런데 시간이 남는다며 국밥집까지 진출했다. 국밥집에서도 열심히 일했지만 얼마 못 가 그만두었다. 그만두게 된 이유를 듣고 실소를 금치 못했다.

국밥집에서는 둘째가 예쁘장하게 생겼다고 처음에는 카운터를 맡겼다. 하지만 국밥 나갈 자리에 수육을 내보내고, 보통 나갈 자리에 곱빼기를 내보내는 등 실수를 저질렀다. 급기야 주방으로 전보되었는데, 설거지를 너무 못한다는 지적을 받았다. 그래도 마음 좋은 사장님은 웃으면서 용돈을 넉넉히 쥐어주고 퇴사를 시켰다. 둘째는 해고당한 주제에 참 당당했다. 나는 그 당당함이 마음에 들었다. 둘째는 대학 4년 동안 유흥주점을 제외한 여러 알바를 섭렵했다. 적성을 찾기 위한 우리만의 방법이었다.

부모 중에 아이들이 시키는 대로 자라주길 바라는 사람이 있을까? 그저 남들처럼 정해진 길로 죽 그렇게 대학까지 무난히 가는 것을 바라는 사람이 있을까? 솔직히 나 역시 처음에는 그런 부모였다. 대학 졸업하고 회사 입사해서 평탄한 삶을 살다가 그렇게 또 나 같은 생을 사는 것을 바랐다. 하지만 아이들이 사는 세상이 많이 달라지면서 나도 달라져야 했다. 요즘은 세상이 더 많이 달라졌다. 그리고 더 빨리 달라지고 있는 중이다. 요즘 엄마들은 아이를 어떻게 키워야 하는지 예전보다 더 걱정이 많아진 게 사실이다. 정보는 넘쳐나지만 모두를 감당하기에는 너무 힘겹고, 어떤 게 우리 아이에게 맞는 것인지조차 가려내기도 힘들다. 결국 자녀를 믿고 지지해주는 수밖에 없다.

아이가 실수를 저질러도 이렇게 말해보자.

"너라서 이 정도라도 하는 거야. 엄마는 네 나이 때 정말 몰랐어. 다음엔 지금보다 훨씬 나아질 수 있을 거야. 난 근사한 어른이 된 너를 상상만 해도 너무 기분이 좋아."

엄마가 해줄 수 있는 역할은 여기까지이다. 아이는 부족함이 많아서 아이이다. 작은 실수조차도 응원해주면 아이의 자신감은 날로 충만해지고 자존감 또한 높아진다. 물론 어느 날 갑자기 그런 일은 일어나지 않는다. 자신감과 자존감은 격려와 응원 속에서 차곡차곡 쌓여간다.

기적을 만들어 내는 생각

아이가 여럿 있는 집에서는 큰아이가 비교적 무난하게 크는 경우가 많다. 우리 집도 큰아이는 나름 첫째라는 부담감을 안고 무난하게 자라줬다. 언젠가 큰아이가 그런 말을 했다. 자기는 일곱 살 때 이미 다 자란 아이였다고. 그 말에 내심 마음 아팠다, 하지만 아이를 여럿 키우는 엄마 입장에선 맏이를 일찍 어른 대열에 합류시키고 싶어 한다. 큰아이는 얼마나 부담스럽고 억울했을까. 언니니까 잘해야 했고, 어지간한 건 동생에게 양보해야 했으니. 큰아이가 제법 성장했을 때 이야기를 나누다가 알게 되었다. 엄마가 생각하는 맏이와 맏이가 생각하는 맏이는 엄청 큰 차이가 있다는 것을.

양가 할아버지 할머니의 사랑을 독차지했을 거라는 엄마의 생각과 달리 큰딸은 그 사랑은 동생이 태어나기 전까지 딱 3년이었다고 항변했다. 그래서 줄곧 자기는 애정결핍이었다고 했다. 그러고 보니 엄마에게 징징대고 들러붙는 건 막내가 아니라 맏이였다. 엄마인 나는 큰딸이 마루타라도 되듯 모든 것에 기준을 세우는 데 앞장세웠다.

뭐든 "네가 잘해야 동생들이 너를 본받아 잘할 수 있어" 하며 열변을 토했다. 얼마나 억울했을까. 큰딸의 특혜라고는 겨우 새 옷 입는 게 전부인데 말이다.

큰아이에 비해 둘째는 조금은 남자아이를 키우는 기분이었다. 놀이도 언니가 하지 않는 몸을 써서 하는 놀이가 많았다. 인라인스케이트, 자전거 타기 등등. 인형을 가지고 노는 모습은 한 번도 보질 못했다. 언니가 친구와 다툼이라도 할라치면 어느새 배를 내밀고 언니 친구에게 대들기 일쑤였다. 자매가 없이 혼자 자란 나로서는 재미있는 광경이 아닐 수 없었다. 아이 셋이 노는 자체가 내 유년의 적적함을 보상받는 느낌이었다.

특별히 친구를 찾아다니지 않아도 셋의 놀이는 무궁무진했다. 어느 날은 얇은 홑이불로 막내를 태우고 놀이동산 놀이를 하기도 했다. 또 어느 날은 줄넘기 줄에 종이컵을 씌워 링거를 만들어 병원 놀이를 했다. 두 언니가 의사와 간호사 역할을 맡았는데, 막내가 접수창구 직원을 하겠노라고 우기는 탓에 환자는 핑키가 맡았다. 딸들은 매일 놀이를 통해 새로운 직업을 체험해 갔다.

방학이 끝나기 이삼 일 전이면 온 집안에 갑자기 면학 분위기가 조성된다. 나는 개학 하루 전 숙제를 점검해 주는 터라 방학 동안 간섭은 안 하는 편이었다. 세 딸은 머리를 맞대고 각자의 노트를 보다가 뭐가 틀렸는지 손가락에 침을 발라가며 앞장을 뒤적이고 뒷장을 맞추고 난리법석이었다. 한 달 열흘 정도 되는 일기를 사흘 만에 갑자기 쓰려니 날씨가 관건이었던 것이다. 딸들은 서로 날짜와 날씨를 맞추느라 안간힘을 썼다.

숙제하는 방식도 각양각색이었다. 한 배에서 나온 아이들인데도 어쩌면 저렇게 제각각인지 신기할 정도였다. 둘째는 그림을 첨부해서 가져가는 숙제를 위해 백과사전도 오려가면서 밤을 새웠다. 그렇게 방학숙제 노트를 배가 불룩하도록 만들어 갔다. 막내는 잘 잠 다 자고, 작년에 언니들이 완성해서 상까지 받은 숙제에 겉표지만 자기 이름을 붙여 제출하는 기막힌 아이디어를 냈다. 방법이 옳지는 않았지만, 자기 나름의 기지라 생각해서 그냥 웃어넘겼다. 지금도 벤치마킹의 천재였다며 우리는 손뼉 쳐준다.

독서를 좋아했던 큰아이에 비해 밑에 두 아이는 책 읽는 것을 싫어했다. 공부는 열심히 하지 않더라도 책을 잘 읽지 않는 것은 조금 걱정이 되었다. 하루 독서 분량을 정해 주고 자기가 읽은 책의 내용을 저녁에 엄마에게 이야기하게 시켜보았지만, 두 아이는 별 효과를 보지 못했다.

둘째가 중학교 1학년 첫 여름방학을 맞이했을 때 나는 책 대신 매일 한 편의 영화를 보도록 권했다. 장르에는 구애받지 말라고 했다. 그때는 비디오테이프를 빌려주는 가게가 많았으므로 영화를 보기가 그리 어려운 일은 아니었다. 예상대로 책보다는 영화가 효과가 있었다. 둘째는 감성적인 표현이나 언어 구사력 등이 눈에 띄게 좋아졌다.

문제는 책도 영화도 흥미가 없고 얼굴만 예쁜 막내였다. 고3이 되어도 별반 다르지 않았다. 쓰는 단어나 어휘를 보면 막내는 정말 공부 안 하는 아이 같은 티가 물씬물씬 풍겼다. 그럴 때마다 언니들은 놀려댔다. 그러면 나는 막내 편을 들어주느라 어설픈 조크를 던졌다.

"괌에서 이민 온 지 얼마 안 돼서 그래. 조금 더 시간이 지나면 나아질 거야."

막내는 그 말에 기운이 났는지 언니들에게 소리쳤다.

"그래, 나 조금만 더 있으면 괜찮아진다고."

기가 막혔지만 티 내지 않았다. 아이마다 다르기 때문에 본인만의 방식을 찾도록 도와주는 것이 옳다고 생각했기에 그리 조급해하지 않았다. 어차피 여자 대통령이나 높으신 똑똑한 사람이 되리라곤 애초에 기대하지 않아서인지도 모르겠다. 그냥 본인이 행복할 수 있는 일을 찾아 열심히 살 수만 있다면, 그것이 딸들을 향한 나의 목표였다. 그걸 찾는 것만 도와주면 된다고 생각했다.

기적은 늘 우리 곁에 있다. 내게 기적은 세상을 떠들썩하게 하는 일이 아니다. 아이들이 기뻐할 수 있는 일이다. 아이들이 뭔가 혼자 힘으로 감당해내고 성취했을 때, 얼마나 기쁜가. 어찌 기적이 아니겠는가.

둘째가 고등학교 2학년 때 학생회장 선거가 있었다. 가족 앞에서 당당하게 출마를 선언했지만, 여러 현실적 어려움을 겪고 있던 시기라, 마음을 모아 주는 것조차 힘들었다. 둘째는 걱정하지 마시라고, 본인이 다 알아서 하겠노라고 말해줬다.

선거 전날이 되었다. 둘째는 작은 도화지를 여러 장으로 자르더니 전교생 숫자에 맞추어 태극기를 그리기 시작했다. 온 식구가 오랜만에 온기를 맞대고 태극기를 함께 그려 나갔다. 둘째에게 태극기를 그리는 이유를 물었지만 빙그레 웃기만 했다.

결전의 날이 밝았다. 나는 운동장에서 선거하는 광경을 멀리서 바라보았다. 다른 후보들의 현란한 공약과 요란한 몸짓들, 엄마들의 열성적인 선거운동. 막상 현장을 보니 큰 도움이 못 되어준 것이 마음 아팠다.

드디어 둘째가 단상에 올랐다. 깜짝 놀랐다. 간밤에 그린 태극기 400장이 전교생의 손에 하나씩 들려 있었다. 언제 가져왔는지 둘째는 키 작은 친정엄마의 한복을 입고 있었다. 그리고 땋은 머리, 단상에 서 있는 사람은 유관순 열사였다. 더 이상 둘째를 지켜보지 못하고 뒤돌아섰다. 알 수 없는 뜨거운 액체가 볼을 타고 흘렀다.

뇌리에 많은 생각이 스쳤다. 초등학교 1학년 때 적응을 잘 못하고 약간의 틱까지 동반해서 놀랐던 일, 초등학교 2학년 때 학교 전체를 통틀어 유일한 여자 반장이 되었던 일, 여섯 살 때 삼계탕 집에서 성냥개비로 이름을 멋지게 만들어 냈던 일, 모두가 내겐 기적이었다.

둘째는 멋지게 학생회장에 당선되었다. 선생님은 그날의 콘셉트 제공자는 나일 거라고 의심했다. 내가 한 일은 태극기 그리기를 도와준 것뿐인데.

아이를 키우다 보면, 조금 늦은 아이가 있다. 어쩌면 '옆집 아이보다 조금 나았으면' 하는 마음이 세상 모든 엄마의 소망일지도 모르겠다. 요즘 엄마들은 아이를 등교시킨 뒤 카페에 예닐곱씩 모여 커피를 마시며 담소를 나눈다. 그러면서 친분도 쌓고 서로 정보도 교환한다. 그런데 혹시 자신이 모르는 것을 남이 하지 않을까 조바심치는 엄마들을 보게 된다. 그런 엄마들을 보면서 내 자신도 저런 열성 엄마였을까 돌이켜보았다. 아무리 생각해 봐도 나는 열성과는 거리가 먼 엄마였다. 열성을 부릴 시간부터가 없었다. 아이를 키우면서 줄곧 나 스스로에게 열심히 했다는 게 더 솔직한 표현인 것 같다. 우리 아이들은 뭔가 늘 하려고 하는 엄마를 보면서 자기들도 뭔가를 늘 해야 한다고 생각했다고 한다. 아이들의 그러한 생각이 기적을 만들어낸 것 같다.

기적은 늘 우리 곁에 있다.
내게 기적은 세상을 떠들썩하게 하는 일이 아니다.
아이들이 기뻐할 수 있는 일이다.
아이들이 뭔가 혼자 힘으로
감당해내고 성취했을 때, 얼마나 기쁜가.
어찌 기적이 아니겠는가.

우리 다 함께 목욕탕 가요

아이들과 함께 매주 대중목욕탕에 갔다. 그곳에서 온몸에 비누거품을 한껏 바르고 맨몸으로 부비부비를 해줬다. 아주 어렸을 때는 까르르까르르 자지러졌다. 이런 요식행위는 중학교까지 이어졌다. 아이들은 목욕탕에 갈 때마다 각자의 이야깃거리를 하나씩 장만했다. 잡다한 친구 디스부터, 비밀 같지도 않은 비밀, 아무도 귀 기울이지 않는 농담들을 엄청 진지하게 이야기했다. 나는 내용이 어떻든 그냥 끄덕이며 들어주었다. 이런 토크 덕분인지 아이들은 험난한 사춘기를 그리 유난하게 치르지 않았다.

아이가 셋이다 보니 아무래도 모든 아이들의 이야기에 집중하기는 어려웠다. 주제만 빨리 파악해서 대화를 나누려고 애썼다. 그래야 내게도 남는 시간이 있기 때문이다. 중요한 것은 함께 시간을 공유한다는 것이다. 뭔가 알아준다는 것, 들어 준다는 것, 그 자체만으로도 아이는 자신의 존재감을 느끼는 것 같았다. 우리의 목욕탕 토크는 어릴 때부터 지금까지 죽 계속되고 있다. 몸이 통통 불을 때까지 우리의 이야기는 계속된다.

아이들과 함께하는 또 다른 방법이 있었다. 주말마다 순번을 정해서 엄마와 단둘이 외출을 하는 것이다. 아이들의 반응이 좋았다. 넷이 다 함께하는 외출도 좋지만, 단둘만의 외출은 혼자서 엄마를 몽땅 차지한다는 포만감을 주었나 보다. 사춘기쯤이면 아이들이 엄마와의 외출을 그다지 반기지 않는다고 하지만, 우리 아이들은 감사하게도 외출의 시간을 고대하기도 했다.

어느 날 고1이 된 큰아이와 외출하는 날이었다. 한껏 멋을 낸 채 둘이 손을 잡고 거리를 활보했다. 나의 주 관심사는 아이의 관심을 끄는 것이 무엇인가를 파악하는 일이었지만, 딸아이는 온전히 엄마 손을 독점하는 데 희열을 만끽하는 듯했다.

한참을 이리저리 배회하던 중, 저 앞쪽에서 걸어오는 두 친구가 눈에 들어왔다. 어설픈 야한 복장에 짙은 화장, 중심 잃은 뾰족구두를 신고 재잘거리는 아이들은 낯이 익었다. 딸아이를 슬쩍 돌아보니, 얼굴이 하얘진 채 마치 무슨 잘못을 하다 들킨 양 고개를 떨구고 있었다. 두 친구는 자기들의 재잘거림에 집중하느라 우리 곁을 그대로 스쳤다. 그중 한 친구의 엄마는 교육계에 몸을 담고 있는 사람으로, 내가 아는 사람이기도 했다. 아무래도 엄마 몰래 화려하게 치장을 하고 다니는 것 같았다.

그 일이 있은 후 우리 집에도 많은 변화가 일었다. 나는 큰아이에게 화장을 허락했다. 어차피 해야 할 화장이라면 학생용 팩트로 과하지 않게 하고 사람들의 입방아에 오르지 않도록 적당히 하기를 당부했다. 지금은 중학생만 되어도 화장을 하고 입술을 붉게 칠하고 다니지만, 그때만 해도 학생이 화장을 하는 일은 흔하지 않았다. 대체로 보수적인 성향을 지닌 나이기에 그런 부분에 약간 엄격했지만, 차라리 적당한 자유를 주는 게 낫다고 생각했다. 그것이 몰래 화장하고, 백화점 화장실에서 옷을 갈아입는 행위를 미연에 방지하는 일이었다. 이렇게 우연한 계기로 우리 집에도 개방의 물결이 일었다.

어릴 때 나는 엄마와 함께하는 시간 중 가장 좋았던 게 엄마에게 노래를 가르쳐 줄 때였다. 초등학생인 내가 엄마에게 가요를 가르쳐 주었다. 아버지를 닮았는지 나는 제법 노래를 불렀고, 엄마는 좀 창피한 수준이었다. 엄한 외할머니가 노래를 못 부르게 해서 자기는 노래를 잘하지 못한다는 핑계를 댔지만, 내가 보기엔 그냥 음치였다. 이미자의 〈동백 아가씨〉를 내가 선창하면 엄마가 따라 하며 한 소절씩 노래를 불렀다. 나는 제법 기교를 부리며 엄마에게 지적질도 하면서 지도 아닌 지도를 해줬다. 노래가 담은 애절함은 알 길이 없고, 그저 내가 엄마를 앞서는 게 있다는 사실 하나만으로도 그 시간이 즐거웠다.

엄마가 안 계신 지금도 비가 추적추적 내리는 날이면 어김없이 내 입에선 〈동백 아가씨〉가 흘러나온다.

"헤일 수 없이 수많은 밤을, 얼마나 울었던가, 동백 아가씨."

지금은 애절한 가사에 내 가슴마저 에인다. 그러면 엄마가 내 옆에 슬며시 다가와 앉아 계시는 것 같다.

막내가 고등학교 진학을 준비할 무렵, 무용특기생으로 가고 싶은 고등학교가 있었다. 갑자기 나빠진 가정환경 탓에 무용을 접어야 했던 막내는 좌절감에 하루하루를 우울함 속에 자신을 가두기 시작했다. 나도 처음 겪는 혼란이라 어찌할 바를 몰랐다. 그러던 어느 날 둘째가 말했다.

"엄마, 우리 다 함께 목욕탕 가요."

뭔가 머릿속을 스치는 생각이 있었다.

'아, 그래. 목욕탕은 늘 우리에게 새로운 생각을 주었잖아? 엉킨 생각을 풀어주고, 흩어진 생각을 한 자리에 모아주고.'

곧바로 바구니에 목욕용품을 주섬주섬 담아 목욕탕으로 향했다. 맥 풀린 막내를 중심에 두고, 생각을 하나씩 모으기 시작했다. 수상 경력이 없는 막내를 위해 추천서를 받아내는 방법, 어느 학원 원장 선생님과 상담하는 방법 등 여러 가지 생각이 쏟아지며 모아졌다. 풀 죽어 있던 막내도 혼자서 찾지 못했던 탈출구가 얼핏 보였는지 기운이 났다. 우리 가족은 이렇게 또 한 번의 위기를 슬기롭게 헤쳐 나갔다.

대화가 익숙한 우리 아이들은 어떤 문제든 혼자만의 숙제로 두지 않는다. 모두가 하나 되어 짐을 나누어진다. 사업이 어려워지고 우리의 보금자리를 잃어버린 지 칠 년쯤 되었을 때, 아이들의 나이는 점점 서른을 바라보는데, 집 한 칸 없이 사위를 봐야 하는 내 자신이 여느 엄마와 다를 바 없이 초라하게 느껴졌다. 내가 아무리 인성 바른 아이로 키웠지만, 보여줄 수 있는 것이 너무 부족해서 우리 아이가 과소평가 당하지나 않을지 걱정이 앞섰다. 나의 고민을 눈치 챈 아이들이 나를 목욕탕으로 이끌었다.

"엄마, 혼자 고민하지 말아요. 우리하고 걱정을 나누어요. 엄마가 늘 우리에게 말했잖아요?"

하지만 나의 고민은 돈이 드는 일이 아닌가. 불가능할 거라 믿었다. 정보를 수집하고 뒤지는 걸 좋아하는 막내가 정보지에서 조건 맞는 집을 찾아보기로 했다. 금융기관에서 일하는 큰딸은 내 조건에 맞는 대출상품을 알아보기로 했고, 심성 고운 둘째는 혼자 계신 외할머니를 설득하는 역할을 맡았다. 내 역할은 그저 가만히 앉아 있는 것이었다. 아이들이 그러기를 주문했다. 이게 웬일일까? 이게 웬일일까? 밤낮 아이들에게 뭘 해야 할까를 고민하던 나를 위해 아이들이 모두 나서 주다니!

며칠을 뒤지던 막내는 드디어 경매 위기에 있는 집을 찾아냈다. 친정엄마이긴 해도 아쉬운 소릴 못하는 날 대신해 친정엄마를 설득한 둘째 덕에 조금 넓은 집으로 친정엄마를 모시고 합가했다. 큰아이 덕에 알맞은 대출상품도 받을 수 있었다. 약속대로 나는 그냥 멍하게 앉아 있기만 했는데, 아이들이 알아서 다 해준 것이다. 드디어 발 펴고 잘 수 있는 내 집을 칠 년 만에 다시 찾은 감격은 정말 말로 표현할 수 없었다. 가슴이 먹먹해 아무 말 못 하는 나를 보며 아이들은 한목소리로 말했다.

"이제는 우리가 엄마를 위해 살아야 할 때잖아요."

이렇게 부메랑이 되어 돌아올 줄이야. 지금도 가슴이 떨린다. 발이 시린 옥탑 방에서 다시 따뜻한 보금자리로 돌아가던 그날을 생각하면.

우리의 목욕탕 토크는 지금도 계속된다.

역시 우리 두나는 천재야

우리는 '빨리빨리'에 너무 익숙해져 있다. 뭘 위해서 그렇게 빨라야 하는지 이유도 모르는 채 말이다. 빠르지 않은 것이 낯설게 느껴질 정도이다. 아이를 키우는 일에서는 나도 '빨리빨리'에서 벗어나지 못했다. 뭐든 채근해 가며 빠르기만을 원했다. 큰아이가 또래 아이보다 조금은 빠른 것 같다는 주위의 평을 당연하다는 듯이 받아들였다.

둘째가 태어나면서 뭐든 큰아이를 기준으로 육아일기를 써나갔다. 둘째는 말도 느렸고, 여러 모로 성장이 느렸다. 때문에 나는 혹시 다른 문제가 있는 건 아닌지 혼자 조바심쳤다. 다행인 것은 다른 집 아이와는 비교를 하지 않았다는 것이다.

말보다는 행동으로 먼저 표현하는 둘째. 그런 아이를 두고 걱정에 잠겨 있으면 친정엄마는 늦머리 트이는 아이도 있다며 날 위로했다. 하지만 큰 위로가 되지 않았다. 왜 하필 내 딸이 늦머리가 트이는 아이일까 속상했다. 나의 조바심은 둘째가 여섯 살 때 초복 삼계탕 집에서 끝이 났다. 상차림의 지루함을 견디다가 둘째는 성냥 머리로 자기 이름을 썼다. 그런 둘째를 보고 난 모자라고 부족한 아이가 아닌 창의력이 풍부한 아이로 명명했다. 내 맘대로지만 그러고 나니 한결 마음이 편안했고, 기다려주자는 여유까지 생겼다.

일곱 살. 대개의 아이는 한글을 깨치고 편지도 쓰는 마당에, 둘째는 그 또한 늦었다. 유치원에서 받아쓰기 해온 다섯 칸짜리 노트에는 한 가득 같은 단어가 반복해 적혀 있었다. 알고 적은 건지 모르고 베껴 쓴 건지 무조건 잘 썼다고 칭찬만 해줬다. 어느 날 웃지 못할 사고가 터졌다. 여행을 자주 다니는 우리는 주말에 유성 온천을 다녀오는 길에 기름이 부족해서 휴게소에 주유차 들르기로 했다. 차가 주유소로 미끄러져 들어갈 즈음 주유소 지붕에 커다랗게 '유공'이라는 글자가 눈에 들어왔다. 지금의 SK주유소인 셈이다. 전날 유치원 노트 한 바닥에 '우유 통'이라고 가득 적은 게 생각났다. 나는 유공의 '유'자는 분명히 기억하리라 믿고 칭찬거리를 만들어주려고 물었다.

"두나야, 저 위에 크게 적힌 글씨 알지?"

"네, 알아요."

이어서 자신 있게 나온 둘째의 한마디.

"기름."

아뿔싸! 갑자기 차 안에 폭소가 터지고, 작은아이는 뭔가 자신이 잘못했음을 감지한 듯 훌쩍이기 시작했다.

"야, 역시 우리 두나는 천재야. 기름 넣는 곳을 알다니. 맞아 여기는 기름 넣는 곳이야."

이렇게 억지로 말을 끌어다 붙이며 천재로 둔갑시켰다. 나는 그렇게 자주 변신술을 부리며 둘째를 아이의 눈높이에 맞게 키워나갔다. 기름 사건 이후 내게는 여유도 조금씩 생겨나기 시작했다. '좀 늦으면 어때? 천천히 가지, 뭐' 하면서 마음을 붙잡았다.

그렇게 마음을 붙잡은 결과 어느 날 갑자기 행복이 찾아왔다. 어느덧 훌쩍 커버린 두나가 시의 고등학생 대표로 라디오 공익방송을 하게 되었다.

"저는 참 늦된 아이였습니다. 다른 친구보다 모든 게 늦었지만, 어머니는 늘 괜찮다고 저를 위로해 주셨습니다. 늦은 만큼 천천히 주변을 볼 수 있다고도 했습니다. 정말 저는 천천히 주변을 볼 수 있었고, 그 덕분에 친구의 아픔도 볼 수 있었습니다. 저를 늦게 자라는 아이가 아니라 천천히 볼 줄 아는 여유 있는 사람이라고 말씀해주신 부모님 덕에, 저는 오늘 이 자리에 섰습니다. 앞으로도 나만 보지 않고 주변을 잘 살피는 사람이 되겠습니다. 사랑해요."

소름이 돋았다. 이쪽저쪽에서 지인의 전화가 빗발쳤고, 칭찬이 늘어졌다. 아! 뭔지는 모르지만 내가 잘 키웠나 보다 생각했다.

어느 날, 퇴근 후 회식이 있어서 바닷가에 있는 식당에 주차를 하려고 이리저리 살폈다.

"오라이, 오라이."

정말 오랜만에 들어보는 '오라이' 소리였다. 뭔가 어설프지만 발음에 자신감 넘치는 소리였다. 백미러로 살펴보니, 형광색 조끼를 입은 작은 키의 청년이 뒤로 오라며 열심히 수신호를 보내고 있었다. 이십대 후반은 족히 넘어 보였는데, 왠지 얼굴이 낯설지 않았다. 안내하는 곳에 주차를 하고 차 문을 열었다. 역시 내가 아는 창현이였다.

"창현아, 너 창현이 맞지?"

눈을 크게 뜨고 웃으면서 물었다.

"어! 턴생님."

"너, 나 기억하니?"

"네, 턴생님,"

발음이 부정확해서 선생님이 아니라 턴생님이었다. 너무 반가웠다. 창현이는 내가 대학을 졸업하고 유치원 교사가 된 첫해 맡은 아이였다. 같은 일곱 살이어도 키도 많이 작았고, 인지가 약간 떨어지는 친구였다. 창현이 어머니의 성품은 아주 조용했다. 입학식 날 뒤에 남아서 창현이가 다른 아이보다 조금 뒤떨어져서 선생님이 고생이 많을 거라며 머리를 조아리기도 했었다. 나는 걱정 말라며 어머니를 안심시켰다.

다음 날부터 창현이는 누구보다 먼저 등원했다. 하지만 수업시간에 도저히 집중을 않고 다른 친구에게도 방해되기 일쑤였다. 아직 경험이 많이 부족한 나로서는 골칫거리가 아닐 수 없었다. 실내에서 있어야 할 시간에 혼자서 운동장에서 미끄럼틀을 타고 그네를 타니 속수무책이었다. 다른 아이들은 그런 창현이를 선생님한테 이른다며 난리를 쳐서 교실을 벌집으로 만들었다. 그런 날이 계속되어 한 가지 방법을 생각해 냈다. 창현이 어머님과 먼저 상의를 거친 뒤 의도적으로 교실 안에 들어오지 못하게 했다. 본인이 들쑥날쑥할 때는 몰랐는데, 교실 안으로 들어올 수 없으니 창현이는 뭔가 달라진 분위기를 느낀 듯했다. 안에 있는 친구들이 매우 궁금했는지, 한 시간을 창밖에서 까치발을 하고 안을 힐끔거리기도 했다. 그러다 결국 자기도 들어오고 싶다고 했다. 그날 이후 창현이는 교실 안 생활을 곧잘 견뎌냈다.

20여 년의 세월이 흘렀어도 창현이를 한 번에 알아볼 수 있었던 건, 가끔씩 창현이의 현재를 궁금해 했기 때문이다. 학교는 잘 다니는지, 잘 자라고 있는지 문득문득 걱정하곤 했었다. 그날 창현이를 보고서 너무 기뻤다. 남들이 싫어하는 일을 성실하게 하는 모습에 더 기뻤다. 창현이는 천직처럼 열심히 '오라이'를 외치고 있었다. 이 시대 많은 젊은이들이 이런저런 이유로 일자리를 못 잡고 있는데, 그에 비하면 창현이는 성공한 젊은이였다. 일류대학을 못 가면 어떤가. 키가 좀 작으면 어떤가. 열심히 '오라이'를 외치며 행복을 느끼면 그만 아닌가. 창현이를 보면서 나도 잔잔한 행복을 느꼈다.

취업하지 않고 빈둥거리는 젊은이를 보면 내 자식이 아니어도 어른으로서 일말의 책임을 느낀다. 그리고 그 부모에게도 많은 책임을 돌리게 된다. 보통 부모들은 자녀가 고등학교만 졸업하면 이렇게 말한다.

"이제 너는 다 컸으니까, 네 인생은 네가 알아서 해야 돼."

어릴 때, 성장기 때 알아서 살 수 있게 충분히 지도해주었다면 문제가 안 된다. 그런데 많은 부모들이 부모가 정한 프로그램대로 키워놓고는 이런 말을 한다. 맛난 고기를 뼈까지 발라 숟가락에 얹어 키워놓고는 갑자기 고기를 잡아서 먹으라고 한다. 그러면서 사회라는 사막에 던져둔다. 이건 잘못이다. 부모는 자녀가 성인이 되어 스스로 세상을 헤쳐나갈 수 있도록 어릴 때부터 부지런히 지도해야 한다. 함께 고민하고 함께 문제를 의논해야 한다. 그래야 자녀는 사회에 나와 자신감 있게 살아갈 수 있다.

지금부터라도 어떻게 하면 고기를 잡을 수 있는지 자녀와 함께 연구하고, 함께 노력하자. 세상이라는 바다에는 그 뒤에 내보내주면 된다. 빨리빨리 가는 것만이 중요한 것은 아니다. 조금 늦더라도 완주하는 사람으로 키우는 것이 중요하다. 그래서 더욱 자녀와 함께해야 한다.

내일을 위한 우리들의 처방전

여러 아이를 키우다 보면 각자 개성과 성향이 달라 일관성 있는 대처가 어려울 때가 많다. 또한 누구에게는 효과 있었던 방법이 누구에게는 먹히지 않는 경우도 있다. 사춘기를 겪으면서 갖는 크고 작은 문제들은 또 어떠한가. 내 눈엔 전혀 문제될 게 없었지만, 본인 입장에서는 하늘이 무너졌다가 천둥 번개까지 내리치는 문제가 많았다. 더 큰 문제는 이것도 형제들마다 다를 때다.

여자아이만 키우다 보니 다행히 공통적으로 먹히는 방법이 있었다. 편지였다.

우리 아이들은 모두 애칭을 가지고 있다. 얼굴이 작고 눈이 큰 막내는 뚜리다. 초등학교 때 귀뚜라미를 닮았다고 놀림을 받아 슬퍼했는데, 슬픔을 덜어주려고 아예 애칭으로 삼았다.

"그러고 보니 눈이 예쁜 게 닮았네."

이렇게 너스레까지 떨어주자 막내는 웃었다. 그때부터 우리 가족은 막내를 뚜리라고 불렀다. 핸디캡이라고 생각하는 것을 예쁨으로 승화시켰다고나 할까. 막내다 보니 친구와의 관계도 대체로 소극적이었다. 그런데 때론 힘 있는 친구에게 빌붙어 필요 이상으로 과격해지기도 했다. 어느 날 막내와 함께 좁은 골목길을 가는데, 그곳에서 후배와 마주쳤다. 막내는 생긴 것과는 전혀 어울리지도 않게 눈을 위아래로 뜨면서 뭘 보냐고 다그쳤다. 나는 놀랐지만, 한편 어떤 심리일지 궁금하기도 해서 말보다는 우리들이 잘 애용하는 편지를 적었다.

사랑하는 뚜리에게

뚜리야, 요 며칠 네 얼굴이 편해 보이지 않아서 엄마가 조금 걱정이 됐어. 중학교 3학년이라 나름 신경 쓰이는 일도 많을 거라고 짐작해. 물어보고 싶지만, 오히려 네 마음이 불편할까 봐 엄마가 묻질 못했어. 엄마가 예전에 너희에게 말했지? 엄마는 외동이라 이야기를 나눌 형제가 없어서 자매 있는 친구가 참 부러웠다고. 그렇게 어른이 되니 외로웠다고. 너희 셋을 낳고 엄마가 가장 기뻤던 일은 너희는 나처럼 외롭지 않은 거였어. 친구 얘기도 마음껏 할 수 있고, 선생님 흉도 함께 볼 수 있고 말이야. 그런데 요즘 우리 뚜리가 언니들과도 엄마에게도 하고 싶지 않은 말이 많아진 것 같아서 엄마가 조금 눈치가 보이는구나. 오늘 낮 후배에게 하던 네 행동이 엄마는 조금 낯설었어. 너희 사이에서는 흔히 있을 수 있는 일인지는 몰라도 그 아이가 얼마나 무서웠을까? 입장을 바꿔서 한번 생각해 봤으면 좋겠어. 혹시 엄마가 잘 모르는 너희만의 문제가 있다면 언니들과 상의해 보면 어떨까? 그래 줄 거라 믿어. 오늘은 웃는 얼굴을 보고 싶구나.

사랑하는 엄마가

며칠 후 내 핸드백 속에 답장이 담겨 있었다.

사랑하는 엄마에게

엄마 정말 죄송해요. 실망시켜 드려서요. 요즘 별일 아닌데도 짜증이 많이 나고, 말도 하기 싫고, 다 싫은 거 있죠. 나도 안 그래야지 하면서 왜 이러는지 모르겠어요. 작은언니가 졸업하고 나니까 누구도 내 편이 없는 게 무서웠어요. 그래서 우리 반에 그런 애들과 어울려 다니고, 그 애들하고 같이 다니려면 어쩔 수 없이 저도 친구들과 그런 행동을 할 수밖에 없었어요. 그래야 아이들이 무시하지 않거든요.

사연은 구구절절 이어졌고, 반성한다는 예쁜 내용이었다. 자기 나름대로 자기 방어를 하고 있었다. 아낌없는 칭찬을 쏟아부을 필요가 있었다. 애교도 살짝 섞어서.

"역시 그럴 줄 알았어. 역시 넌 엄마 딸이 분명해."

누구나 자기만의 위로받는 방식이 있다고 생각된다. 우리 아이들에게 통하는 두 번째 특약 처방은 외할머니 품이다. 세 아이를 모두 키워주셔서 나의 사회생활은 순조로웠다. 나와는 다른 성향의 친정엄마에게는 내가 갖지 못하는 포근한 정서적인 안정감이 있다.

퇴근 후 아이들을 데려와서 외할머니와 지낸 이야기를 물을 때면 웃음이 절로 나왔다. 막내에게 들려준 옛날 얘기는 내가 어릴 때 듣고 자란 바로 그 이야기다. 토씨 하나 틀리지 않고 그대로 구전되었다. 신기했다. 어떻게 아직도 기억하고 계실까. 아이들 또한 외할머니의 옛날이야기를 나에게 그대로 구전한다. 특히 흥부 놀부의 박 타기 이야기 중 박 타는 과정이 나를 폭소하게 만들었다.

"실금 실슴 따게자~."

사투리가 그대로 전수된다. 고양이는 몇 번을 고쳐줘도 '고냉이', 호랑이는 또 몇 번을 고쳐 줘도 '호레이'였다.

퇴근을 해서 아이들을 데리러 가면 아이들은 당시 유명했던 오페라 가수 키메라가 되어 있었다. 외할머니가 참빗에 물을 묻혀 눈꼬리가 저만치 치켜지도록 머리를 빗겨 올린 탓이다. 일하고 온 내가 힘들까 봐 친정엄마가 수고를 덜어준 것이다.

외할머니 집에는 매일 먹을 것이 마를 날이 없었다. 명절 때 먹다 남은 떡도 난 두 번을 먹지 않고 버리는데, 엄마는 냉동실에서 꺼내 채반에 쪄서 금방 한 떡처럼 뚝딱 만들어 냈다. 그 밖에도 옥수수, 호박죽, 삶은 감자, 군고구마 등 다양한 음식을 아이들 간식으로 내어 주셨다. 몸이 불편한 친정아버지 수발도 힘들었을 텐데, 엄마는 그렇게 싫은 내색 한번 없이 손녀들을 예쁘게 키워 주셨다. 내게는 안겨서 응석부리지 못하는 첫째도 외할머니에게는 달려가서 젖가슴에 얼굴을 비비고 응석을 피우곤 했다. 나보다 더 포근함이 있어서였을까. 일단은 무조건 얘기를 들어주었기 때문인 것 같았다. 그게 외할머니의 사랑 방식이었다.

외할머니가 안 계신 지금도 우리 아이들은 외할머니와의 추억을 앞다투어 전설처럼 얘기한다. 외할머니에게 가면 모든 게 다 해결되었다고. 뭘 그리 많은 걸 해결했는지 묻진 않았지만 최고의 안식처인 것만은 분명한 듯했다. 다 큰 후에도 아이들은 마음이 조금 힘들 때면 외할머니 품을 찾았다. 최고의 처방전인 셈이다.

엄마가 이 세상에 안 계신 지 오래되었다. 엄마의 도움을 받을 수가 없어서 나는 장성한 아이들에게 앞으로 다가올 일에 대한 처방을 미리 내렸다. 주변에서 종종 볼 수 있는 일들이 이제 내게도 현실로 다가올 것 같아서 말이다. 예전에는 출가를 하면 친정 일은 뒷전이고 시집 일이 우선이었다. 나 역시 친정 일은 올케들이 중심이 되어야 마땅하다고 생각했고, 어떤 경우도 친정 일에는 간섭을 하지 않았다.

우리 때만 해도 그랬다. 그런데 요즘은 그렇지 않은 것 같다. 이제는 딸의 부모들도 시댁과 친정은 대등해야 한다는 이야기를 많이 한다. 더불어 요즘 젊은 부부들은 시댁에 가는 횟수와 친정에 가는 횟수, 양가 용돈 등 모든 게 대등해야 한다고 생각한다. 하지만 정작 시부모들은 그리 많은 사고의 변화를 가져오지 못하고 있다. 그래서 명절이 되면 시댁 제사와 동시에 친정을 보내주는 시어머니가 제일 멋진 시어머니라고들 한다.

우리 집은 큰아이 하나만 출가를 했다. 결혼 날짜를 잡았을 무렵 문득 내 딸이 시댁에 매여 살지도 모른다는 걱정이 밀려왔다.

"하나야, 언제든 네가 살다가 마음이 힘들고 지칠 때, 엄마를 찾아와. 언제든 대문 활짝 열고 안아 줄게. 기쁜 날 시댁에서 지내다가 명절 때, 엄마 생일 때만 애써 출근하듯 오지 않아도 돼."

이야기하고 나니 얼핏 우스웠다. 내 말 저변엔 시댁에 머리 조아리는 내 모습이 깔려 있었기 때문이다. 처방전 치고는 좀 약했다.

누구에게나 인생을 치유해주는, 자신만의 처방전이 있기 마련이다. 물론 처방전이 언제나 효험을 발휘하는 것은 아니다. 엉뚱한 결과를 초래할 수도 있다. 그러나 중요한 것은 처방전을 통해서 내일을 살아갈 힘을 얻을 수 있다는 것이다. 자신만의 특별한 처방전으로 모두가 슬기롭게 잘 살아갔으면 좋겠다.

chapter 4

아이는 엄마의 뒷모습을 보고 자란다

너희가 있어서 엄마도 잘 자랄 수 있었어

"엄마, 준비는 다 했지? 유럽은 우리나라와 기후가 비슷하긴 하지만 호텔이 우리보다 열악하다고 들었어."

며칠째 큰딸이 엄마를 챙기려고 전화통 너머로 잔소리를 해댄다. 나는 말로만 듣던 유럽을 가려고 친구들과 셋이서 여행을 계획했다. 다른 이들은 계절마다 여행을 다니는 듯한데, 언제부터인가 삶은 나를 묶어 놓았다. 그래서 육십이 되면 유럽여행을 가겠노라고 나의 버킷리스트를 들으란 듯이 읊조리곤 했다.

애초 계획은 봄에 떠나는 것이었지만 친구의 병원 예약으로 인해 2월로 당겨졌다. 푼푼이 여행 경비를 모았고, 부족한 돈과 용돈은 세 딸이 두둑이 챙겨줬다. 막내는 여행가방에 들어갈 물품 리스트며 여행사 계약 등을 꼼꼼히 챙겼다. 막상 간다고 생각하니 어린 시절 소풍 전날 밤처럼 두근거렸다.

유럽의 풍광이나 그들의 문화를 탐방한다든가 하는 거창한 계획은 전혀 없었다. 세상에 태어나서 한 번쯤은 가봐야 하지 않을까 하는 막연한 오기랄까. 유럽은 걸어다는 곳이 많아 여행이 힘들다는 말을 종종 들어 더 나이 들기 전에 가고 싶었다. 즉, 세 친구의 유럽 여행 동기는 이러했다.

"그래, 다리 아프기 전에 우리도 한번 가 보자."

세 명 모두 가슴에 안은 여행의 목적은 달랐지만, 고단한 삶에 대한 보상이라는 점은 같았으리라 짐작된다. 평소 강의 시간이 빽빽한 두 딸의 점심을 챙겨주곤 했는데, 내가 없으면 점심을 거르지 않을까 마음에 걸렸지만, 늙은 반려견 탁구의 안위가 걱정이 되어 발걸음이 떨어지지 않았지만, 딸들은 한사코 등을 떠밀었다. 그래도 마지못해 떠나는 척했지만 마음은 마냥 즐겁기만 했다.

아이들의 응원을 뒤로하고 긴 시간 비행기를 타고 독일로 날아갔다. 예상은 했지만 버스로 다섯 시간을 가야 우리가 묵을 숙소에 도착한다고 했다. 두어 시간쯤 갔을까. 어둠이 어둑어둑 주변에 내려앉을 즈음, 갑자기 버스가 갓길로 유도를 받으며 멈춰 섰다. 긴장한 가이드는 우리를 더욱더 불안하게 만들었다. 영화에서나 볼 법한 경찰들이 총을 메고 여섯 명이나 차에 올랐다. 뭐라고 말한 뒤 우리의 여권을 모두 내어놓으라고 했다. 순간, 일이 잘못되어 집으로 갈 수 없는 게 아닌지 불안했다. 이유인즉 유럽에는 요즘 테러가 많이 일어나 고속도로에서도 이렇게 무작위로 버스를 세워 검문을 한다는 것이다. 일일이 여권사진과 비교해보더니 언제 그랬냐는 듯 웃으며 여권을 돌려줬다. 그 때문인지 유럽에 대한 나의 첫인상은 무서움이었다.

회색도시 느낌의 독일과 달리 비엔나는 도시가 여성스러웠다. 건축물도 아기자기했고, 고즈넉하고 바쁘지 않은 유럽 사람들의 정서도 참 매력적이었다. 이곳에 와서 모차르트를 비롯해 그의 누이 집, 외할머니 집까지 고루 방문을 했다. 우리 친척들도 그리 골고루 찾아다니지 못했는데 말이다. 여하튼 비엔나는 모차르트를 빼고는 생각할 수 없는 도시인 것 같았다.

시차가 달라 전화통화를 자주 할 수는 없었는데, 자고 일어나면 세 딸의 톡이 잔뜩 쌓여 있었다. 늘 대화가 잦은 편인데도 서로들 엄마의 안녕을 물었고, 지난날에 대한 자기들의 생각을 소복이 적어 놓았다.

"엄마가 있어서 우리가 잘 자랄 수 있었어요."

감동이었다. 유럽에서 딸들과 함께 겪었던 고난의 시간을 되새겼다. 사채업자가 방문을 했을 때도 두 팔 벌려 내 아이들을 보호했던 순간, 우리가 잘 이겨내면 언젠가는 이 시간이 다 지나가리라고 다짐했던 순간들이 풍경처럼 스쳐갔다. 각자 할 일에 충실하길 바랐던 엄마의 부탁을 잘 들어준, 그래서 함께 이겨준 아이들이 너무 고마웠다. 길에 쪼그리고 앉아 소리도 내지 못하고 울고 있는 엄마를 보듬어 주던 딸들, 그 딸들을 보란 듯이 잘 키워냈더니 오늘 같은 시간이 오고야 말았다. 보낸 이도 떠나온 이도 행복한 시간이었다.

아직은 2월이라 눈은 오지 않았지만 제법 쌀쌀했다. 어느 작은 마을 어귀에 우리를 태운 버스가 섰고, 가이드는 버스에서 내려 마을을 한 바퀴 돌 것을 권했다. 천천히 마을을 돌았다. 작은 소품을 파는 가게에서는 금방이라도 영화에서나 볼 법한 할머니가 반갑게 맞으며 나올 것만 같았다. 길모퉁이 작은 카페에서 우리 연배쯤 되는 아주머니 두 분이 무릎담요를 덮고 도란도란 담소를 하는 모습은 너무 여유롭게 보여 부럽기까지 했다. 왜 우리에게는 저런 여유가 없을까. 이곳 사람들의 시간은 우리의 시간보다 천천히 흐르는 것 같았다.

체코에서의 저녁을 잊을 수가 없다. 유서 깊은 극장에서 오페라를 공연한다고 했다. 당연히 많은 차들이 붐빌 거라는 내 예상을 뒤엎고, 누구도 광장 근처에 차를 대는 사람이 없었다. 차에서 내리는 모든 이들이 연세가 들어 보였다. 더 놀라운 일은 모두가 저마다의 의상을 갖추어 입었다는 것이다. 흰 은발 정장을 입은 남편 옆에 있는 부인은 까만 밍크 상의에 빨간 빌로드 긴 치마, 그리고 하이힐까지 신었는데, 그 모습이 너무도 인상 깊었다. 일본인 부부는 자기네 고유의상과 게다를 신고 입장을 했다. 어떤 공연을 저렇게 준비된 모습으로 볼까 하는 생각이 들었다.

나폴레옹의 숨겨진 아들이 살았다는 궁전에서는 권력의 저변에 깔린 무서운 암투가 보이는 듯했다. 26년 동안 한 번도 문밖을 나가 보지 못했다는 비운의 왕자는 좁은 창으로만 넓고 예쁜 정원을 감상했을 터, 얼마나 바깥세상이 그리웠을까.

프라하에 도착해서는 소매치기를 조심하라는 가이드의 당부에 몇 푼 들어 있지도 않은 가방을 신주 모시듯 안고 다녔다. 그 유명한 다리 위는 관광객으로 북적거렸고, 다리 중간쯤 위치한 성모상 앞에는 소원을 비는 사람으로 인산인해를 이루었다. 인파에 천천히 밀리며 나도 성모상 앞까지 갔다. 얼마나 많은 사람이 만지며 간절히 기도했는지 성모상의 무릎에서 광채가 났다. 까치발을 들어 나도 기도하려고 성모상 무릎을 만졌다. 갑자기 먹먹함이 치밀고 올라오면서 세 딸의 얼굴이 겹쳤다. 십몇 년을 예기치 않은 환경 속에서 살아낸 딸들과 나의 모습이 파노라마처럼 떠올랐다. 마음속에서 기도문이 절로 솟아나왔다.

'고마워 딸들. 너희가 있어서 엄마가 존재하는 것 같아. 언제까지가 될지 모르지만 너희들 엄마로 사는 동안만큼은 너희가 엄마를 자랑스러워할 수 있도록 더 노력할게. 우리 지금만큼만 서로 사랑하고 위하면서 살자.'

그리고 다시 기도했다. 다음 생에 자기 딸로 태어나라는 첫째를 위해서는 순산을, 학위 막바지에 있는 둘째를 위해서는 건강을, 일중독에 가까운 예쁜 막내에겐 왕자님이 나타나기를.

힘겨웠던 시절, 그리고 내일 눈뜨지 않기를 기도하던 숱한 밤들이 어느덧 기억 저편으로 밀려갔다. 혹여 엄마가 상처받을까 말 한마디조차 조심스러워했던 딸들이 이만큼 컸다는 사실이 꿈만 같았다.

이제는 아무리 아닌 척해도 보호자의 위치가 바뀌고 있음을 절실히 느낀다. 오늘도 난 딸들의 보호 속에서 사랑과 무한한 배려 속에서 또 하루를 잠재운다.

'고마워 딸들. 너희가 있어서 엄마가 존재하는 것 같아.
언제까지가 될지 모르지만 너희들 엄마로 사는 동안만큼은
너희가 엄마를 자랑스러워할 수 있도록 더 노력할게.
우리 지금만큼만 서로 사랑하고 위하면서 살자.'

숙이, 오늘도 행복해?

지금 생각해 보니 옥탑방이 그리 나쁘지만은 않았던 것 같다. 방보다 넓은 옥상이 있었고, 그 중간쯤에 평상이 놓여 있었다. 늘 바쁜 생활로 하늘 한번 마음 놓고 바라본 적 없는 나날이 계속되었다. 그 많은 예쁜 별이 우리가 한번 봐 주길 기대하며 매일 밤 우리를 찾아왔을 테지만 1년이 다 지나도록 그 별을 볼 수가 없었다.

그날도 별을 볼 생각이 있었던 건 아니다. 큰아이와 둘만의 자리를 만들고 싶었을 뿐이다. 조금은 엄격하게만 대했던 큰아이에게 엄마로서 조촐한 성인식을 치러 주고 싶었다.

"하나야, 엄마하고 맥주 한 잔 할까?"

큰아이는 이제 막 대학 생활에 접어든 때라 여기저기 친구들과 몰려다니며 자유를 만끽하던 때였다. 이런 제안에 하나와 나는 적잖이 불편함을 감수하고 1년 동안 한 번도 앉아보지 않은 그 평상에 맥주를 사이에 두고 앉았다. 어쩌면 늘 상하관계였을 우리의 관계를 수평으로 만드는 역사적인 날이기도 했다. 그날따라 별빛은 우리 둘만의 축제를 축하라도 해주듯 마구 쏟아졌다.

"별이 원래 이렇게 빛났었니?"

어색한 대화를 별로 시작했다. 하나는 어제 혹은 며칠 전 자기가 잘못한 일이 있는가를 기억하려고 전전긍긍하는 눈치였다. 뭔가 지적당할 일을 엄마가 거창하게 시작한다고 생각했나 보다.

"하나야, 엄마가 너에게 진심으로 사과하고파서 이런 자리를 마련했어."

하나는 어리둥절해했고, 난 진지한 얼굴로 사과를 이어나갔다. 큰 아이다 보니 뭐든 잘했으면 하는 바람 때문에, 거기다가 남편에게서 오는 불만까지 얹어서 하나에게 화풀이를 한 적이 있었다. 술잔이 오갔다. 나의 사과에 하나는 당황스럽다면서도 한편 어른 대접해주는 엄마가 고맙다고도 했다. 친구에게조차 내 얘기를 잘하지 못하는 나는 그날 이후 하나와 멋진 친구가 되었다. 사과라는 거, 꽤 괜찮은 윤활유인 것이 분명했다.

역시 옥탑방 살 때 일이다. 그날 우리 집은 시끌벅적 외출 준비로 부산했다. 우리는 집 앞을 나서도 대충 나서는 법이 없다. 사업을 하다 집이 어려워지면서부터, 나는 집 밖을 나설 때 옷을 더 정갈하게 입고 매무새를 만지고 나섰다. 남에게 초라하게 보이고 싶지 않음이 첫 번째였고, 언젠가는 다시 돌아올 날을 위해 모습이 흐트러지면 안 된다고 다짐한 것이 두 번째였다. 이 다짐을 아이들에게도 강조했기에 차림새에 늘 신경을 썼다.

남들처럼 애써 휴가 계획을 짤 필요가 없었다. 한 블록만 나가면 시원한 바다가 우리를 반겼다. 우리는 바다로 달려갔다. 다행히 유전자가 좋은 탓인지 딸아이 셋은 나보다 키도 훤칠했고, 얼굴도 예뻤다. 세 아이 모두 탤런트 누구누구를 닮았다고 사람들이 수군댈 정도였다. 나를 중심으로 양옆에 도열해 바닷가를 걸으면 부러운 시선들이 내게 꽂혔다. 아이들도 그 시선을 즐기는 듯했다. 아이들은 나를 숙이라고 불렀다.

"숙이, 우리 오늘은 일상을 벗어나 일탈을 해보는 게 어때?"

말로만 듣던 바Bar에 가자는 것이다. 젊은이만 가는 곳인데 괜찮을까? 막상 바 앞에 다다랐지만 가게 안으로 들어갈 엄두가 안 났다. 슬금슬금 눈치를 보는데 어느새 세 딸의 팔에 엮여 안으로 들어가고 있었다. 그리고 나는 금세 광란의 음악 속으로 빨려들어갔다.

고막을 찢는 듯한 음악 소리에 아랑곳없이 삼삼오오 어깨를 들썩이며 춤을 추는 젊은이들을 보니 새삼 나의 젊은 시절이 생각났다. 나는 이삼십대에 이들과 다른 공간에 있었다. 하지만 그런 생각에 젖어서 무엇 하랴. 나는 그냥 흥겨운 분위기에 내 몸을 맡기고 즐겼다. 오랜만에 블랙러시안을 한잔 시키고, 딸들의 수다에 내 나이를 잊은 채 신나게 놀았다.

큰딸이 금융사에서 일할 때 있었던 일이다. 어느 날 큰딸 핸드폰에 벨이 울렸다. 사무실 전화로 손님과 상담 중이라 핸드폰을 받지 않았는데, 마침 지점장이 곁을 지나다가 액정화면에 뜬 '멘토'라는 글자를 보았나 보다. 장 마감을 하고 조금 여유로운 시간이 되자 지점장이 물었다고 한다. 멘토가 누구냐고. 나도 하나의 폰에 저장된 멘토가 누구인지 몰랐었다.

"엄마예요."

지점장은 그 대답에 놀랐다고 한다. 훗날 사석에서 지점장을 만났는데, 그 말을 전해 들었다. 지점장은 하나는 손님을 응대할 때 친절하며, 고객이 클레임을 걸어와도 중재를 잘하는 유능한 직원이라고 했다. 그래서 내심 어떤 가정에서 자랐을까 궁금했다고 했다.

"어머니를 뵈니 답이 나오는군요."

딸이 칭찬을 받아 기뻤다. 또한 딸아이가 나를 멘토로 생각해준 것에 고마웠다. 엄마로서 부족했던 점만 머리에 떠올랐다.

'정하나, 이런 고마운 친구가 있나.'

그날 하나와 나는 친구처럼 소주잔을 기울였다.

막내는 일의 특성상 여러 사람과 공동으로 작업해야 할 일이 많다. 플로리스트라는 직업은 힘을 요구하는 일도 많지만 무에서 유를 만들어 내는 창조력도 필수이다.

스치는 손길로 공간에 생명을 불어넣어주고, 효과를 극대화시켜야 한다. 나에게는 그런 섬세함이 없는데, 막내는 어쩜 그렇게 잘하는지 궁금했다. 가냘픈 몸매에 대여섯 명의 수강생을 거느리고 많은 사람 앞에서 작업하는 모습을 볼 때면, 희열까지 느껴진다. 직업적 특수성 때문인지, 아니면 나의 감각을 인정해서인지, 막내는 마지막 확인을 항상 내게 받는다. 남이 보면 내가 오너인 줄 알지만 전혀 그렇지가 않다. 난 그저 엄마와 친구의 눈으로 조언하는 것뿐이다.

막내는 나를 자기 플라워 클럽에 실장으로 공식 임명했다. 공사 구분을 철저히 그리고 전문적으로 하라는 내 조언에 따라 막내는 가족 이외의 사람과 함께 있을 때는 절대로 나를 엄마라고 부르지 않는다. 깍듯이 실장님이라 불러준다. 막내 덕에 나는 플라워 클럽의 실장 노릇까지 하고 있다. 이 나이에 어디 가서 실장이 되겠는가.

언젠가 막내는 자신의 키보다 훨씬 큰 나무 위에 생화를 장식하며 금혼식 야외 세팅을 했다. 칠십이 넘도록 무탈하게 잘 사신 두 분이 너무 부러웠다. 장성한 자녀들이 부모님을 위해 가요도 불러주고, 손자 손녀가 두 분을 위해 연주도 해주는 모습이 참 보기 좋았다. 저녁이 되도록 잔치는 이어졌고, 내 부러움도 늘어갔다. 그렇게 흐뭇함 가운데 일을 끝낸 뒤 막내에게 이런 말을 들었다.

"숙이, 고마워. 저녁에 한잔 쏠게."

그날 일당은 술로 받았다.

이제는 나의 일보다는 딸아이들의 일에 스태프로 참여하는 일이 더 많아졌다. 공동 사무실 내 이 방 저 방을 쫓아다니며 미처 손 가지 못하는 일에 내 손을 분주히 움직인다. 키울 때보다 왠지 지금이 더 손이 많이 가는 느낌이 든다. 그래도 나는 힘든 줄 모른다. 딸들과 함께한다는 것 자체가 감사하고 행복하므로. 딸들이 나를 친구로 여겨주므로.

딸들은 각자가 서른 전에 나름의 공간에서 저마다의 일을 하고 있어서 너무 감사하다. 세상 친구는 많이 얻지 못했지만 오늘도 든든한, 친구 같은 세 딸 덕분에 또 하루가 해피하다.

엄마도 힘들지만 영웅이 될게

요즘 네 살짜리 손자를 보며 깜짝깜짝 놀란다. 우리 아이들 키울 때와 비교하면 모든 면에서 빨라도 너무 빠른 것 같다. 내가 아이를 키우던 시절에는 '미운 일곱 살'이라고 표현했는데, 지금은 그 미운 나이가 훨씬 어려진 것 같다. 말도 행동도 엄청 빠른 것 같다. 의사 표현이 정확하고, 때로는 엄마의 기분을 살피기도 하고, 벌써 밀당도 한다. 엄마가 평상시에 하는 말을 그대로 복사해서 뱉어내기도 한다.

한번은 제 엄마가 약간 강경한 어조로 말했더니, 대번에 이렇게 대꾸했다.

"엄마, 그렇게 말하면 서진이는 기분이 안 좋아요."

그 나이에는 그냥 떼쓰는 것이 목적 달성에는 더 빠를 텐데, 엄마에게 자기 기분을 묘사해서 표현을 한 것이다. 이런 표현을 하는 손자가 나는 너무 예뻐 볼을 꼬집어주고 싶다.

엘리베이터를 타면 손자는 낯선 사람에게 꼭 먼저 인사한다. 제 엄마가 낯선 이웃에게 먼저 인사를 건네는 것을 보고 배운 것이다. 인사성이 바른 아이가 성장해서도 예의 바르고 인성이 반듯함을 익히 경험했기에, 손자도 특별한 상황이 없는 한 제 엄마처럼 반듯하게 성장하리라 믿어 의심치 않는다.

'엄마'라는 사람은 자녀의 탄생과 동시에 무한한 힘을 발휘하는 초능력자로 변신하는 것 같다. 막내가 고등학교를 무용 특기생으로 진학하는 것을 확정한 다음, 그동안 집안 사정으로 그만뒀던 학원을 두 달 정도 레슨이 필요해서 등록할 수밖에 없었다. 세 아이의 학비며 생활비, 바쁘게 한 달 한 달 돌아오는 이자들, 거기에 학원비로 다시 40만 원 추가. 비용 부담이 늘어나니 지금의 수입 외에 추가적인 수입이 필요했다.

당시 나는 낮 시간에 학원 강사로 일하고 있었다. 잠만 줄이면 저녁 시간에 무슨 일이 주어져도 할 수 있을 것 같았다. 아니 해야만 했다. 수입이 될 수만 있으면 무슨 일거리라도 마다할 수 없었다. 정보지를 뒤적이며 시간 조건이 맞는 일을 찾아보기 시작했다.

어느 날, '저녁 여덟 시부터 자정까지'라는 시간적 조건이 맞는 일자리가 눈에 들어왔다. 카페 설거지일이었다. 한참을 망설이다 전화를 걸었다. 카페 주인은 비교적 일이 깨끗하다고 하며, 내 목소리가 단정하다고 일단 면접을 보자고 했다. 감사 인사를 전한 뒤 시간 약속을 하고 전화를 끊었다. 순간 속상함이 목 밑까지 차올랐다. 내가 이렇게까지 살아야 하는지 어디 가서 하소연이라도 하고 싶었다. 그러나 학원비를 벌어야 했다. 나는 마음을 다잡고 두 달 만이라도 설거지를 하기로 작정했다. 아이들에겐 저녁 강사 자리를 구했다고 할 참이었다. 막내의 학원비가 급하기에 창피함과 비참함은 뒤로 두어야 했다.

면접을 보기로 한 날. 약속 시간은 다가오는데 무슨 옷을 입어야 할지 감이 안 왔다. 한참을 뒤적거리다가 조금은 비싸고 예쁜 옷으로 골라 입었다. 머리도 동글동글 예쁘게 손질했다. 어떻게든 주인 눈에 들어야 했다.

카페까지 가는 동안 오만 가지 생각이 머리를 스쳤고, 알 수 없는 서글픔에 목젖이 아려왔다. 하지만 당당하고 싶다는 생각도 그에 못지않게 고개를 들었다. 마음을 단단히 먹고 카페로 들어섰다. 그러나 주인 앞에서 내 목소리는 지하실을 맴돌았다. 주인과 눈도 못 맞추고 고개를 떨구며 전화했던 사람이라고 개미 소리만 하게 말을 했다. 안 그래도 주눅이 잔뜩 들어 있는데, 주인은 위아래로 훑어보더니 자기 가게에는 맞지 않는 것 같다고 난색을 표했다. 설거지 정도는 잘할 수 있다며 용기 내어 말했지만, 주인은 내 차림새가 영 낙제점이었나 보다. 나는 일하는 사람이 깔끔해야 한다는 한 가지 생각으로 단정하게 하고 갔는데, 주인은 나를 상전으로 모셔야 할 것 같다며 농담 아닌 농담으로 나를 내쳤다. 학원비는 그렇게 허무하게 날아갔다.

그러나 그 허무한 경험은 내게 오기를 심어주었다. 나는 별일 아니라는 듯 털어낸 뒤 다른 일자리를 찾기 시작했다. 이내 안성맞춤 일자리를 발견했다. 이번에는 작은 아파트 어느 가정집의 청소 일이었다. 학원에 출근하기 전에 일주일에 한 번만 가면 되는, 그것도 집 주인이 집을 비운 사이의 청소라 더더욱 좋았다. 나는 당당히 면접에 합격했다. 막내 학원비를 충당할 수 있다는 기쁨에 콧노래가 나왔다. 주인은 일주일에 한 번 청소를 부탁했지만, 나는 두 달 동안 그 집을 일주일에 세 번은 방문했다. 혹여 청소가 잘못되어 두 달 전에 잘리지나 않을까 하는 두려움에 말이다.

그때는 말하지 못했지만 훗날 아이들에게 그때의 아픔과 상실감을 얘기했더니, 앞으로 그런 일자리를 구할 때에는 화장기 없는 얼굴에 청바지와 티셔츠를 입고 가라는 조언을 했다. 그러고서 우리는 한참을 웃었다. 웃는 아이들의 눈가에 촉촉이 이슬이 비쳤다.

다음 날 나는 어김없이 편지 세 통을 받았다.

"엄마, 감사해요, 사랑해요. 그리고 존경합니다."

이 정도면 보수는 후하게 받은 것 같다.

난세에 장군 나고 위기에 영웅 난다고 했던가. 생활이 평탄하고 어려움이 없을 땐 아이들의 양육도 그리 힘든 일이 아닌 듯했다. 그러나 블랙홀처럼 모든 것이 한순간에 빨려 나가자 모든 것이 힘들었다. 아이들은 어떻게 키워야 하는지 한숨만 나왔다. 정신 차릴 새 없이 하루하루 내 등을 후려치는 현실에 나도 내 부모 등 뒤로 숨고 싶었다. 누군가가 나서서 이 모든 일을 해결해주기를 바랐다.

어느 날 정신을 가다듬고 보니 오롯이 나만 바라보고 있는 세 딸들이 눈에 들어왔다. 내가 정신을 차리지 못하면 이 아이들의 장래는

엄마의 그런 삶이 자녀에게
선한 영향력을 미친다는 것을 믿자.
그 열매는 반드시 탐스러울 것이다.

어떻게 될까 걱정이 앞섰다. 이 모든 일을 해결할 사람은 나 자신이었다. 그날부터 울음도, 누구를 원망할 여유도 포기했다. 살아내자. 살아내자. 언젠가는 이 시간도 지나가리라. 스스로를 다독이며 더 굳건하게 서리라 마음먹었다. 그리고 나는 굳건하게 섰다.

그렇게 일어서는 엄마의 모습이 딸들에게는 귀한 가르침이 된 것 같다. 모두 성장해 어른이 된 딸들을 보면 세 딸 모두에게서 내가 보인다. 물론 좋은 면만 보이는 것은 아니다. '저런 건 날 닮지 않아도 됐을 텐데' 하는 생각이 들 만큼 아쉬운 것들도 보인다. 여하튼 부모의, 특히 엄마의 교육이 얼마나 중요한 것인지 딸들을 보고 새삼 깨달았다.

자녀들은 아빠보다는 상대적으로 많은 시간을 함께 보내는 엄마에게 더 많은 영향을 받는 게 확실하다. 엄마의 사소한 언어 습관부터 행동, 사고까지 모든 영역에 큰 영향을 미친다. 그러니 '엄마'라는 사람은 허술하게 살아서는 안 된다.

엄마도 인간이기에 힘은 들겠지만, 삶의 무게에 지칠 때가 있겠지만, 일어서야 한다. 바르게 살도록 노력해야 한다. 엄마의 그런 삶이 자녀에게 선한 영향력을 미친다는 것을 믿자. 그 열매는 반드시 탐스러울 것이다.

엄마, 잘될 수 있을까요?

사람은 늘 같은 오류를 범하고 사는 것 같다. 비교하지 않으려 해도 어느새 옆집, 앞집 사람과 비교를 하면서 살게 된다. 예전에는 공부 잘하는 집 아이는 따로 있는 것 같았다. 그 아이는 머리가 좋아서 그런 것이라 생각했고, 우리 아이가 뒤떨어지는 것에 대해 별 의심 없이 받아들였다.

나는 성장기 때 유난히 학교 성적이 우수한 두 오빠들 덕에 자연스럽게 주변의 관심을 받았다. 그게 부담스러웠다. 왠지 잘하지 않으면 식구에서 낙오될 것 같은 생각마저 들곤 했다. 그래서 나의 어린 시절은 오빠들 흉내 내는 것만으로도 숨이 찼다. 성적이 떨어지면 안 된다는 생각이 들었을 뿐 미래에 대한 꿈같은 것은 가져볼 생각조차 못했다. 그렇게 나의 사춘기는 먹먹했다.

딸들을 키우면서 줄곧 나의 답답했던 사춘기가 떠올랐다. 딸들이 적어도 엄마와 같은 성장기를 되풀이하지 않게 하기 위해 나름 노력했다. 문제는 아이마다 다른 성향과 그래도 무시할 수 없는 학교 성적이었다. 나 역시 다른 부모들과 별반 다르지 않기에 아이를 판단하는 기준도 그리 다르지 않았다. 곧잘 큰아이와 옆집 아이의 키를 맞추고 있었다. 다행스러운 것은 다른 집 아이와 전적으로 키 높이를 맞추지 않은 것이다. 아이에게 직접 내색하지 않은 것이다. 가능하면 내 아이만 보려고 애썼다. 아니 관점을 달리해서 보려고 애썼다는 표현이 더 맞을 것 같다.

둘째 아이의 경우 나는 세상의 모든 잣대를 언니에게 두었다. 옹알이하는 시기부터 말하는 시기, 유치원에서 놀이하는 방법, 그리고 초등학교 입학 전까지의 모든 행동을 나는 큰아이와 비교했다. 그렇게 비교하면서 혼자 애를 태웠다. 나의 고달팠던 오빠들 따라 하기 프로젝트를 나도 모르게 둘째에게 전수했던 것이다. 둘째는 초등학교를 졸업할 때까지 언니를 따라 하느라 애를 썼다. 엄마 때문에.

큰아이를 중학교에 입학시킨 뒤 예상하지 못한 일이 찾아왔다. 큰아이의 연예인 바라기였다. 그 나이에 있을 수 있는 일이긴 했지만, 큰아이가 범생이었던지라 충격이 꽤 컸다. 나는 집에서 늘 HOT의 문희준을 만나야 했다. 큰아이의 눈을 가린 앞머리는 늘 나의 신경을 거슬렀다.

심각하게 빗나가는 행동은 안 했지만 자기 반 아이의 가출을 내게 심심찮게 전하는 품이 암묵적인 협박으로 느껴졌다. 가출이 다른 애 이야기가 아니라 자기 이야기가 될 수 있다는. 나는 협박에 굴복하지 않으려고 관심을 성적에만 두었다. 가출하는 아이의 가정에 문제가 있다는 것을 알리듯 큰아이의 내면의 소리를 일부러 들으려 하지 않았다. 그러자 어느 날, 큰아이가 불쑥 물었다.

"엄마는 가출을 어떻게 생각해?"

난 이렇게 대답했다.

"혹시 네가 가출 계획이 있다면 몰래 나가지 말고 떳떳하게 말하고 나가. 15년을 키웠는데 차비 정도는 줄 수 있어."

나의 반응에 큰아이는 이런 생각이 들었단다.

'아, 엄마는 내가 집 나가면 찾지 않겠구나.'

그 후 가출에 대한 생각은 아예 지웠다고 했다.

이렇게 모든 것은 큰아이에게 치우쳐 있었다. 둘째의 사춘기는 아예 안중에도 없었다. '엄마, 나도 좀 봐 주세요' 하고 둘째는 속으로 얼마나 외쳤을까.

다행히 욕심이 많아 뒤지는 걸 싫어했던 둘째는 나의 무관심 속에서도 살길을 찾아나갔다. 학교 성적과 무관하게 학급 반장을 꾸준히 고수해온 터라 나 역시 크게 걱정하지 않았다. 언니와 성향이 확연히 달랐기에 기대하는 바 역시 달랐다. 큰아이는 큰 꿈을 품어주길 바랐지만, 조금 소심한 탓인지 중학교 때까지 현모양처라는 꿈에 머물렀다. 과목마다 과외를 시키면서 투자를 하는데, 투자 대비 꿈이 너무 소박해서 속이 터졌다.

반면 둘째는 중학교 때 꿈이 여자 대통령이었다. 그 큰 꿈을 선포한 둘째의 책상 주변에는 어느 순간 '대통령'이라는 문구가 이곳저곳

널렸다. 내가 꾸어보지 못한 꿈에 대한 열망 때문이었는지 나는 아이들이 어릴 때부터 꿈을 강조했다. 그 부작용이었을까, 엄마 눈에 들고 싶어서였을까. 어쨌든 둘째의 꿈은 나를 당황하게 했지만 '못할 것도 없지 않을까?' 하며 내심 웃었다. 늘 언니보다 뒤진다는 생각에 나를 조바심치게 했던 둘째의 야망이 점점 발현되고 있다는 사실이 즐거웠다.

모든 것이 성적과 직결된다고 생각한 큰아이는 일찌감치 내 욕심과는 거리가 먼 꿈을 꾸었고, 처음부터 성적을 배제한 둘째의 꿈은 황당하리만큼 컸다. 어쨌든 나는 아이들이 유영하듯 꿈 얘기하는 것을 반겼다. 어린 시절 내게 꿈이 무엇인지 물어봐준 사람이 없었기에 더 그랬던 것 같다.

고등학교에 입학한 둘째는 자기의 멘토가 오프라 윈프리라고 했다. 엄마가 멘토라는 큰딸과는 달라도 너무 달랐다. 둘째에게 사랑하고 존경하는 엄마라는 말까지는 들어봤지만, 꿈을 위한 멘토로 삼기에는 내가 너무 부족했나 보다.

둘째는 고등학교 3년 동안 학급 반장과 전교 회장 자리를 놓치지 않았다. 아이에게 특별한 친화력과 설득력이 있어 보였다. 그 나이에는 삼삼오오 친한 경우가 많은데, 둘째는 단 한 번도 특별히 친하다는 친구를 집에 데려온 적이 없었다. 항상 대중적인 교우 관계를 유지했다. 복장도 늘 단정했다. 그런 둘째를 예뻐하지 않을 선생님이 없었다.

늘 성적으로만, 발달의 시기로만 아이를 평가했던 내 오류를 둘째는 철저히 반성하게 만들었다. 둘째는 청와대 초청으로 대통령과 직접 식사까지 한 귀한 몸이기도 하다. 언젠가는 정말로 여자 대통령이 될지도 모르겠다.

무용특기생 고등학교 입학을 앞둔 막내는 어렵사리 얻은 연습의 시간을 눈물겹게 보냈다. 무용학원 문을 닫은 그 늦은 시간부터가 우리의 연습 시간이었다. 나는 현실에 쪼들려 낮에는 눈조차 뜨기 싫은 나날을 보냈지만, 밤에는 꿈에 부푼 막내를 위해 눈을 부릅뜨고 함께 연습에 임했다. 딸은 춤을 추고, 나는 딸을 위해 북을 쳤다. 주어진 시간은 겨우 두 달이라 눈 감을 새가 없었다. 밤 10시부터 새벽 1시까지 우리는 맹연습을 했다. 현대무용을 하다가 급작스럽게 한국무용으로 바꾸었기에 남들보다 몇 배 더 노력해야 했다.

"잘될 수 있을까요?"

의구심을 갖는 막내에게 난 무조건 잘될 수 있다는 신념을 주었다. 그렇게 우리의 무모한 연습은 매일 밤 계속되었다. 연습이 반복될수록 춤사위는 점점 자리가 잡혀갔고, 손동작부터 눈의 시선 처리까지 여러 동작이 자연스러워져 갔다. 그러나 춤이 완성되어 갈수록 가슴이 미어지는 고통이 뒤따랐다.

'좀 더 좋은 환경에서 계속할 수 있었으면 얼마나 좋았을까.'

훤한 대낮엔 사채업자에게 시달리고, 한밤중엔 아이의 꿈을 위해 새벽까지 북채를 잡았다. 세나가 그토록 원했던 특기생의 목표가 장학금이었다는 사실을 뒤늦게 알았다. 특기생은 못되었지만 그렇게 세나는 원하는 학교를 가게 되었다.

막내가 고등학교 2학년 때였다. 중간고사 성적이 나온 날이었다. 전체의 중간쯤에 자리한 막내가 조용히 속삭였다.

"엄마, 내 뒤에 아이들이 2백 명도 더 있어요."

내가 답했다.

"정말? 우리 조금만 앞으로 더 나가보면 안 될까?"

이렇게 우리는 타협을 해가며 성적을 올렸다. 그때 내가 다그쳤다면 좋은 결과를 얻지 못했을 것 같다.

조금 늦으면 어떠리. 남들과 꼭 같은 속도로 갈 필요는 없다. 아이들은 저마다의 속도가 있다. 또한 남보다 모든 면이 느려 보일지라도 빨리 달릴 수 있는 면도 분명 있다. 단지 우리가 발견하지 못할 뿐이다. 아이를 키우는 일은 보물찾기와 같다. 그런데 보물찾기에서 보물을 단숨에 찾는 일은 드물다. 감춰져 있기 때문이다. 아이에게는 숨겨진 보물이 있다. 서두르지 말고 천천히 찾아보자. 아이와 함께.

chapter 5

지금은 엄마의 시간입니다

지금 버킷리스트를 실행하는 중이란다

다행이라고 표현하는 게 우습지만 어쨌든 다행스럽게도 내겐 아들이 없다. 딸들을 모두 성장시키고 큰사위까지 본 나로서는 아들 가진 부모가 겪는 갈등 따위가 없기 때문이다. 세상 많은 것이 달라지고 사람들의 사고도 많이 변했다고는 하지만, 어쩐지 아들 가진 엄마들의 사고는 그다지 발전적으로 변한 것 같지가 않다.

얼마 전 주변 지인의 마음 아픈 소리를 들었다. 지인은 착하고 공부 잘하는 아들을 둔 엄마다. 전업주부로 올인해서 살았다. 늘 자랑스럽게 아들을 칭찬하던 엄마는 그 아들에 버금가는, 좋은 대학 출신에 좋은 직장을 다니는 며느리를 봤다. 얼마 가지 않아 손자까지 보는 경사도 겹쳤다.

멀리 떨어져 사는 시부모는 며느리를 돕는다며 아들의 식성, 소소한 버릇까지 일일이 챙겼다. 본인이 아들 키울 때 썼던 양육법을 며느리에게 그대로 전수시키고자 수시로 전화를 해 친절하게 일러줬다. 1년에 두 번 보는 손자의 재롱이 늘 눈앞에 어른거려 자주 손자의 안부를 확인했다.

그렇게 지내던 중에 아들로부터 둘째 임신 소식을 들었다. 시어머니는 축하 격려금이라도 보내려고 며느리에게 전화를 걸었다. 그런데 며느리는 전화를 받지 않았고, 조금 뒤 아들에게서 전화가 걸려왔다. 아들은 앞으로 무슨 일이든 자기에게 전화하고 와이프에게 전화하지 말라고 했다. 용돈도 필요 없다고 잘라 말했다. 그런 아들의 태도에 부모는 섭섭함을 금할 수 없었다. 아들을 빼앗겼다는 생각에 잠을 이룰 수도 없었다. 급기야는 사돈댁을 방문해서 섭섭함을 토로하는 지경에 이르렀다. 그런데 사돈댁에서 이런 대답이 돌아왔다.

"자식을 잘못 키워서 죄송합니다. 원래 어릴 때부터 우리 아이는 자아가 강했습니다."

며느리는 한술 더 떴다.

"이제 결혼시켰으면 아들을 좀 놓아주세요."

집으로 돌아오는 길에 며느리의 한마디가 내내 귓가를 맴돌았다.

지인의 사정은 딱하지만, 어쩔 수 없다. 애정은 쏟은 만큼 돌아오리라는 기대는 대개 채워지지 않는다. 아들이 나빠서가 아니라 세상이 변했기 때문이다. 지인과 내가 시어머니를 모시고 살던 시대와 현재가 달라졌기 때문이다. 그것은 슬프지만 인정해야만 하는 일이다. 그렇지 않으면 아들을 키울 때의 그 예쁜 추억은 고통이 되어 부모의 가슴을 후벼 파고 만다.

언젠가 텔레비전에서 호주로 시집간 한국인 며느리가 시댁을 방문하는 프로그램을 시청한 적이 있다. 호주의 넓은 농장을 가진 시댁은 누가 봐도 전형적인 시골 농가였다. 한국으로 공부 온 아들이 이곳에서 사랑하는 사람을 만났고, 결혼을 해서 며느리가 처음 시댁을 방문한 내용이다.

이어 저녁 식사 후 시아버님이 선뜻 설거지를 자청하고 시어머니와 며느리가 티타임을 가질 수 있도록 배려했다. 바람이 약간은 거센 저녁이었지만, 시어머니는 단둘의 공간을 만들고자 차를 받쳐 들고 마당으로 나갔다. 그러고는 낯선 이방 며느리에게 이렇게 말했다.

"내 가족이 되어줘서 너무 고마워. 그리고 내 아들을 사랑해줘서 감사해."

시어머니의 따스한 한마디는 순식간에 먼 곳에서 온 이방인 며느리의 불안감을 떨쳐주었고, 텔레비전을 보는 이의 마음도 흐뭇하게 만들어주었다. 이어서 시어머니는 아들의 어린 시절 개구쟁이 짓, 학창 시절 일화 등 며느리가 몰랐던 시간을 이야기해줬다. 그리고 이렇게 대화를 마무리했다.

"몸은 멀리 떨어져 있지만 항상 사랑하고 기도할게. 이제 내 아들은 너의 사랑이란다."

시어머니는 선뜻 자신의 온 사랑을 통 크게 내어주었다. 그 순간 나는 저런 멋진 시부모를 내 사돈으로 맞는 상상을 했다. 얼마나 멋진가.

우리나라 농담 중에 친정엄마는 딸 집 주방에서 생을 마감하고, 시어머니는 대문 앞에서 객사하다는 무시무시한 농담이 있다. 시어머니는 늘 그리운 아들의 집 앞을 배회하고, 친정엄마는 시어머니보다는 딸 집으로의 입성이 훨씬 쉽지만, 온 집안일을 도맡아 하는 수고를 해야 한다는 데서 온 말이라 생각된다. 친정엄마의 경우 맞벌이하는 자녀를 위해 손주를 키워주는 일이 빈번하지만 황혼에 대한 대비를 너무 게을리 해서 일어난 일이 아닌가 싶다.

대부분 내 또래는 베이비부머 세대인지라 모든 면에서 어정쩡하다. 젊었을 때는 남편은 바깥일, 아내는 집안일이라는 고정관념 아래서 살았기에 별달리 직장생활의 의지도 없었다. 아이들을 잘 키워 취직시키고 결혼시키면 끝이라고 생각했다.

그런데 끝이 아니었다. 자식이 예상과는 달리 취업도 결혼도 못하는 경우가 허다하다. 퇴직금으로 안락한 노후를 꿈꾸던 부모들은 예상치 못한 자식과의 동거 시간이 길어지면서 모두가 불편한 시간을 보내게 된다.

혹 자녀가 직장을 잡고 결혼을 해도 부양받기는커녕 독립할 때의 비용까지도 부담을 해야 한다. 정말 이중삼중의 고통이다. 그 고통에 자신을 위한 준비를 할 여력이 없어진다.

그러다가 더러는 부양의 의무를 강조하다가 자식과 갈등을 겪기도 한다. 온 정성을 다해 키운 자식이지만, 그 자식을 위해 모든 것을 다 내어준 부모이지만, 며느리에겐 그저 한낱 짐스러운 존재로 부각되기 일쑤다. 자신을 위해 부모가 모든 것을 다 쏟아주었다는 것을 알지만 아들도 부담스러워하기는 매한가지이다. 부모와 자식, 피차 답답해질 뿐이다.

일흔을 넘긴 노인을 대상으로 한 스페셜 방송을 본 적이 있다. 외국에서는 심심찮게 이런 프로를 보았지만, 우리나라에선 보기 드문 방송이었다. 출연자 가운데 여든을 훌쩍 넘긴 할머니의 일상이 인상 깊었다. 하루 스케줄이 나보다 더 바빴다. 그 연세에 복지관에서 다양한 프로그램을 배우는 모습이 정말 행복해 보였다. 압권은 자식에 대한 할머니의 생각이었다. 혼자 사니 외롭거나 자식이 생각나지 않느냐는 질문에 할머니는 조금도 망설임 없이 대답했다.

"자식이 방문하는 시간을 내가 정해요. 내 스케줄에 방해되지 않는 시간에 오라고 해요."

그날 이후 그 할머니는 나의 멘토가 되었다. 얼마나 멋진가. 그 연세에도 자기를 위해서 노력하고 시간을 쓴다는 게.

나는 요즘 매일 글쓰기에 집중하고 있다. 30년 전에 품은 버킷리스트를 실행하고 있는 중이다. 매일 조금씩 쓰지 않으면 숙제하지 않은 날처럼 너무 찝찝하다. 손자의 재롱으로 딸이 유혹을 해도 글쓰기에 방해받지 않으려 한다. 이런 엄마의 태도를 섭섭하게도 생각할 수 있지만 딸은 오히려 고마워하기도 한다. 전화 속 엄마 목소리로 엄마의 컨디션을 가늠하는 딸에게 손자를 돌봐주는 희생은 못할지라도 걱정을 덜어주는 일은 하고 있다고 생각한다.

자식도 마냥 희생만 하고 자기 삶이 없는 부모의 노년을 그리 반기지는 않을 것이다. 젊어서는 자식을 위해 시간과 노력을 쏟았다면, 나이 들어서는 자기를 위해 꾸준히 노력하는 삶을 살아야 한다. 자식도 그것을 바란다. 어쩌면 이제부터가 온전히 나만을 위한 시간이며, 나를 위해서 재투자할 수 있는 기회인지도 모른다. 이제부터라도 자신을 위해 집중할 때 자신의 생은 소중한 시간으로 채워질 것이다. 바라보는 자식도 나의 부모가 소중한 사람이었음을 다시 한 번 더 인식하게 되리라. 매일매일을 소중한 것으로 채워 나가는 부모의 삶을 보면서, 자식은 더 나은 본인들의 미래를 꿈꾸지 않을까.

방학이라 놀러 온 손자의 낮잠 시간에 맞추어 쫓기듯 글을 써 내려간다. 깨고 나면 무얼 하고 놀아줄까?

엄마도 소중하니까

나의 하루는 참 단조롭다. 바쁘게 등교시켜야 할 아이도 없고, 서둘러 출근해야 할 직장도 없다. 자영업이라고는 하지만 일이 늘 있는 것이 아니기에 남들 보기엔 자유롭고 여유로워 보이기까지 할 것이다. 둘째와 셋째 그리고 나의 사무실이 한 건물에 있어서 별일이 없는 한 우리는 함께 출근한다. 10시가 되면 막내는 플로리스트로서 강의를 하고, 둘째는 바리스타를 위한 수업에 들어가고, 나는 아침 뉴스나 필요한 정보를 인터넷으로 훑어본다. 언제부터인가 건강 뉴스가 내 단골 메뉴가 되었다. 시력이 갑자기 왔다갔다하면서부터인 듯하다. 금방 초점이 흐려져 오랜 시간 인터넷도, 책도 볼 수가 없다. 그걸 핑계로 두 시간 정도만 인터넷 서핑을 하면서 내적 에너지를 충족시킨다.

아침은 선식이나 주스로 때우기에 점심 한 끼라도 딸에게 집밥을 먹이려 한다. 정성껏 준비해서 점심을 챙겨주고, 이후의 시간을 자유롭게 즐긴다. 친구를 만나 수다도 떨고, 간간이 저녁 약속도 잡는다. 주말엔 세 딸 중 시간 나는 녀석과 미술관이나 영화관을 찾는다. 이 나이에 이 정도면 시간을 잘 보내고 있는 게 아닐까.

내가 전문적으로 하는 일은 케이터링행사나 연회를 할 때 음식을 만들어 제공하는 일이다. 몇 년 전 지인의 제안으로 시작한 일이 어느덧 직업이 되어 삶을 영위하는 데 큰 몫을 하고 있다. 아무리 일을 하고 싶어도 할 수 있는 일자리가 흔치가 않다. 젊은 날에는 늘 아이들을 가르치는 일에만 매달렸고, 남다르게 손재주가 있는 것도 아니었다. 일을 해야만 한다는 현실적 위기감만이 내겐 무기였다. 딸들을 경제적 자립까지 시키고 나니 날 위한 노후 준비가 전혀 되어 있지 않다는 것이 느껴져, 불안한 마음이 들었다. 그래서 시작한 것이다.

물론 아이 셋 공부시키며, 먹이며 30년 세월을 다 보냈지만, 이들에게 내 노후까지 책임지라고 하고 싶지는 않았다. 아이들의 미래도 녹록지 않음을 알기에 지금부터라도 날 위한 준비가 시급했다. 설사 나 하나의 노후쯤은 셋이서 나누어 맡아도 충분하다고 해도, 100세 시대에 아직 40년이나 더 남은 시간을, 온전히 이들에게 맡기기엔 나도 부담스럽다. 내 또래 다른 사람의 생각도 나와 비슷할 것이다.

케이터링은 대부분 전화로 이루어진다. 이제 4년 정도가 지나니 어느 정도 자리도 잡고, 재 구매율도 높아 그냥저냥 욕심 없이 하기엔 알맞다. 이런 일이 있다는 것에 늘 감사한다. 작업하면서 힘이 부칠 때가 있는데, 그때는 '몇 년만 더 젊었더라면' 하고 푸념 아닌 푸념도 한다.

주문이 들어오면 행사 성격에 맞추어 내용을 구성하고, 행사에 초대되는 사람의 연령과 성격의 유형까지 파악하고 준비한다. 대부분의 일을 혼자 하지만 커피는 전문가인 둘째에 의뢰를 하고, 디스플레이할 꽃은 막내에게 의뢰를 해서 완벽한 상차림을 해낸다. 주문이 들어오면 며칠 잠을 설친다.

나이 탓인지 전에 없는 소심함이 생겼다. 잘해내야 한다는 책임감이 갈수록 무겁게 짓누른다. 그래서 여러 책자를 살피고, 벤치마킹도 한다. '같은 재료를 사용해도 어떻게 디스플레이를 해서 효과를 극대화할까?', '이 계절에 맞는 재료는 어떤 게 나을까?' 이런저런 고민 끝에 상차림의 메뉴를 선정한다. 그러고 나면 또 고민이 시작된다. '어떤 그릇을 사용해야 더 효과가 좋을까?' 최종 결정이 내려지면 장보기에 나선다. 최고의 신선도를 가진 재료를 알뜰하게 구매하기 위해 노력한다.

상차림을 할 때는 새벽부터 바쁘게 손을 놀린다. 음식이 접시에 담기고, 음료가 알록달록 유리 볼에 담기고, 조금은 투박한 커피 캠브로우가 자리를 차지한다. 마지막으로 화려하고 예쁜 꽃들이 올라앉으면 기막힌 파티 상차림으로 변신한다. 이 과정까지 보통 사흘 걸린다.

"너무 좋았습니다."

파티가 끝나고 고객에게 이 한마디를 들을 때면 사흘간의 힘듦이 연기처럼 사라진다. 여러 가지 일을 해봤지만, 이 일만큼 피드백이 빠른 일은 없었다.

"엄마, 이번 주 스케줄은 어떻게 되지?"

딸들이 물어봐줄 때 참 기쁘다. 이 나이에 아무 하는 일 없이 그냥 손자만 보고 있을 수도 있는데, 아직은 일하는 아니 일할 수 있는 엄마이기에 딸들에게 그런 질문을 받을 때면 아직은 쓸 만한 사람이라는 생각이 든다. 엄마를 걱정의 대상이 아니라 아직은 뭔가 답을 줄 수 있는 사람, 아직은 무엇이든 함께 공유할 수 있는 사람으로 여겨주는 것이 참 좋다. 난 엄마이긴 하지만 아직은 일하는 사람이라는 대우를 받고 싶다는 게 솔직한 고백이다. 엄마는 늘 공부하고 생각하는 사람이라는 것을 알아주는 딸들이 고마울 따름이다. 사실 어릴 때부터 내가 의도적으로 인지시킨 덕분이라 할 수 있다.

언젠가 큰딸의 친구에게 이런 말을 들었다. 그 친구는 아이 엄마였다.

"엄마가 뭘 알아?"

아이가 이렇게 쏘아붙이고는 문을 쾅 닫고 방에 들어갔다는 것이다. 그래서 속상했다는 그 엄마에게 내가 물었다.

"그냥 뒀어요?"

엄마의 대답은 이러했다.

"어떡하겠어요. 그냥 두지 않고."

엄마는 전전긍긍 아이 눈치만 살폈다고 한다. 그 말을 듣고 한참을 생각했다.

'왜 그냥 뒀을까? 나라면 어땠을까?'

나는 딸들이 어렸을 적부터 엄마인 나의 감정을 솔직하게 전달하려고 했다. 매보다는 그것이 훨씬 설득력이 있었기 때문이다. 실제로 딸들이 어렸을 때 한자리에 모아놓고, 핑키까지 옆에 앉혀 놓고 이런 말을 한 적이 있었다.

"엄마가 왜 속상한지는 알 거야. 너희에게 사과받고 싶은 마음보다 들려주고 싶은 말이 있어. 너희들은 신이 엄마 몸을 통해서 보내주신 귀한 크리스털 보석들이야. 나중에 주인에게 돌려드릴 때 온통 상처가 나고 금이 가고 깨어져서 드리면 엄마 마음이 어떨까? 엄마는 너무 죄송할 것 같아."

아이들이지만 여자여서일까? 딸들은 자기들을 굉장히 귀한 존재로 여겼다. 그래서 엄마의 마음을 잘 이해했다. 엄마의 크리스털 보석 비유에 딸들은 순한 양처럼 대답했다.

"죄송해요, 잘하겠습니다."

자식은 다 소중하다. 보석 아닌 자식이 없다. 그런데 그렇게 대우를 받고 자란 아이들이 엄마의 소중함 또한 아는 것 같다. 엄마도 보석이다. 그게 정말 내가 하고 싶은 말이다.

소중한 나는 오늘도 당당한 할머니가 되어 나의 시간을 향유한다.

진흙탕에서 피어난 수련처럼

수련은 진흙탕 속에서 꽃을 피운다. 진흙탕 속에서 꿈을 가졌다. 그 꿈은 수련의 씨앗이었다.

어릴 때부터 아이들을 독립적으로 키우려 애썼다. 순전히 내 경험에 비추어서 말이다. 외동딸로 크다 보니 좋은 것도 많았지만 성인이 다 되도록 독립적이지 못하다는 생각이 스스로 많이 들었다. 바꾸어 말하면 어떤 선택을 하는 데에 있어 의존적이었고, 혼자 결정하는 일에 많이 서툴렀다.

자란 환경이 비슷한 남편과 경제적 어려움이 없었을 때는 큰 마찰 없이 지나갔지만, 경제적 문제가 현실로 닥치면서 서로의 내면까지 보게 되었다. 문제를 해결하기보다는 서로 등 뒤로 숨기 바빴다. 급기야 남편은 재기라는 핑계로 아주 깊숙이 숨어버렸다. 모든 것을 나 혼자 해결하고 막기에 급급한 삶이 시작되었다. 조금만 독립적으로 성장했더라면 그저 남편만 믿고 바라보지만은 않았을 테고, 미래에

다가올 수 있는 대형 참사도 예견하고 준비할 수 있지 않았을까? 살아가면서 후회 아닌 후회를 하기도 했었다.

십수 년의 시간이 눈 깜빡할 사이에 지나가 버렸다. 어쩌면 보내 버리고 싶었다는 표현이 맞을 것 같다. 중2, 고1, 대학1. 내게 남겨진 세 선물과 현실적 숙제들, 어찌 이 세월을 살아냈는지 나 자신이 대견하다 싶을 때도 있다. 하루에도 몇 번씩 생을 마감하고픈 생각들이 나를 감쌌다. 누구도 내 편이 되어줄 수 없음을 느꼈을 때의 절망감은 나를 더 혼돈스럽게 했다. 눈물을 그렇게 많이 흘렸는데도, 마르지 않았다. 아이들만 바라봤다. 그 어떤 것도 나를 일으켜 세우지 못했지만, 변한 환경에 적응하려 애쓰며 큰 눈망울을 굴리는 아이들이 나를 붙잡았다.

제일 응석받이였던 첫째는 남편의 역할까지도 해냈다. 내가 제일 취약했던, 그래서 고생을 바가지로 뒤집어쓴 금융 쪽의 일을 꼼꼼히 챙겨 주었다. 환경이 바뀌면서 좋아진 점을 애써 찾으라고 한다면 아이들이 일찍 경제 개념이 생겼다는 점이다.

내가 경험하지 못한 가난은 아이들을 철들게 했고, 나아가 저축과 알뜰함까지 배우게 했다. 나보다 아이들이 훨씬 빨리 철이 들어갔다. 둘째는 여러 가지 아르바이트로 집안을 거들었다. 그 많은 잠을 뒤로 하고 한 시간 가까운 거리를 아침 일찍 차를 타고 가서 아르바이트를 하고, 저녁 무렵 집 근처 빵집에서 또 일을 했다.

네 식구 모두에게 힘들고 어려운 시간이었다. 그러나 우리는 누구도 서로에게 상처 주거나 힘듦을 떠맡기지 않았다. 이런 아이들이 있었기에 나는 남의 집 청소 아르바이트도 부끄럽게 생각하지 않았는지도 몰랐다. 아이들이 열심히 벌어서 내미는 돈을 손에 쥘 때면 고마워서, 부족한 부모인 나 자신이 원망스러워서 울곤 했다. 아이들은 나보다 더 어른스럽게 날 위로했다.

2년이라는 긴 방황의 시간을 청산하고 다시 서기로 마음먹었다. 내가 일어서야 아이들이 바로 설 수 있기 때문이다. 이후에 안 사실이었지만 아이들은 그 당시 내가 잘못된 선택을 할까 봐 늘 엄마를 살폈다고 했다. 너무 미안했다.

어느 날 큰아이가 그랬다.

"엄마는 공부하는 걸 좋아하니까 편입해 보는 게 어때요?"

2장에서 밝힌 나의 편입학 이야기다. 나의 새로운 대학 공부는 큰딸의 이 제안 한마디로 시작되었다. 합격 소식을 들은 날 다 함께 음료수로 축배를 들었던 기억은 여전히 나를 웃게 만든다.

엄마가 다시 공부를 하게 되자 아이들이 더 열심히 공부하기 시작했다. 공부가 좋아져서 그런 게 아니라 경제적으로 엄마를 도와주기 위해서였다. 아이들은 모두 장학금을 받으며 나를 거들었다. 이런 딸들 앞에서 엄마인 내가 공부를 게을리 할 수가 없었다.

나이 사십대 중반에 공부를 다시 시작하니, 읽은 책은 책장을 덮는 순간 다 달아났지만, 그래도 놓치지 않으려고 안간힘을 썼다. 전공 책을 사지 못해 아침 일찍 도서관에서 대출을 하고, 그 어느 때보다 열심히 책을 팠다. 혹여 학점이 모자라 학비를 내야 하는 불상사가 겹치면 그날로 학교를 그만두겠다고 다짐했다. 수업을 마치고 핸드폰을 열어보면 빚 독촉 문자가 수두룩했지만 이상하게 견디는 힘이 생겼고, 오기마저 생겼다.

500원이 없어서 스쿨버스를 못 타도, 그래서 세 시간을 걸어서 귀가해도 콧노래가 나왔다. 견디는 힘과 오기가 나를 강하게 만들고 있었던 것이다. 점점 생기를 찾아가는 나를 보며 아이들도 자기 길을 착실히 닦아나갔다. 결국 나는 빚쟁이들의 독촉 속에 큰딸과 나란히 사각모를 썼다.

대학을 졸업했다고 해서 크게 달라진 것은 없었다. 그렇지만 내 마음이 달라졌다. 잘해낼 수 있다는 자신감이 붙었다. 그리고 정말 불가능할 것 같은 일들을 해내기 시작했다.

매일 아침 우리는《시크릿》동영상을 보며 하루를 시작했다. 우리 스스로에게 힘을 주고 서로에게 결의를 다지는 의식으로 하루를 시작한 것이다. 각자 자기가 원하는 것들을 상기시키고, 꿈을 이야기하고, 어떻게 하면 실현될 수 있을지를 의논하며 서로에게 힘을 준 것이다. 어떤 일에도 우리 가족은 생각을 모았다. 그것이 어려움을 이겨낸 비결이었다.

3장에서 말한 카페 이야기도 다시 꺼내야겠다. 카페는 나이 오십쯤 되는 여자들의 로망이다. 나도 평범한 여자인지라 카페를 하고 싶었다. 수중에는 단돈 백만 원의 여유도 없었지만, 로망이 나를 일으켜 세웠다. 로망은 꿈의 다른 이름이다. 나는 꿈을 이루고 살고 싶었던 것이다.

앞서 말했듯 딸들이 어렸을 때 이용했던 서점이 있던 공간에 카페를 마련했다. 카페를 열기 전 매일 밤 아이들을 데리고 빈 서점 앞에 가서 가을에 오픈할 거라고 호언장담을 했었다.

그런 엄마를 허풍쟁이로 보지 않고 아이들은 각자 자기가 할 수 있는 모든 것을 총동원해서 돕기로 약속을 했다. 정말 고마운 아이들이 아닌가. 누가 그랬던가. 꿈은 이루어진다고. 적어도 나의 경우는 딸들 덕분에 꿈이 이루어졌다. 딸들과 함께 모두 마음을 모았기에 가능했던 일이었다.

여전히 우리는 하나가 되어 힘을 모은다. 꽃방에서 손이 부족할 때면 두 손 걷어붙이고 발목까지 수북이 쌓인 꽃잎들을 치워주고, 커피 방에서 브랜딩하느라 손이 부족하면 누군가 또 달려가서 드립 백을 접는다. 그것이 나의, 우리 가족의 힘이다.

네 살 손자가 가끔 사무실에 놀러온다. 그러면 이모들 방을 들러 플로리스트도 되었다가 바리스타도 되어본다. 이제 제법 주전자 잡는 손 모양이 안정감을 찾았다. 한번은 친할머니를 위해 어버이날 꽃바구니도 손수 만들었다. 너무 아름답고 행복한 광경들이다. 함께 지내온 힘든 시간이 행복을 활짝 꽃피워준 것 같다.

진흙탕 속에 빠진 적이 있었다. 허우적거리며 그곳을 벗어나려 했지만 더욱 깊숙이 빠져들었다. 절망했다. 하지만 나에겐 세 아이가 있었다. 그 아이들만 바라보기로 하며 다시 꿈을 가졌다. 꿈의 힘으로, 꿈을 도와준 딸들의 힘으로 진흙탕을 빠져나왔다. 꿈이 수련으로 피어났다. 지금 수련의 향기 속에서 세 아이와 함께 더불어 행복하게 살아간다. 괜찮은 인생 같다. 늘 기도한다. 오늘 같이만 살자고.

세나는 잘하고 있었다

그리 바쁘지 않게 아침을 열고, 커피를 드립퍼에 앉히고 뜨거운 물줄기를 정성껏 두어 번 돌려준다. 신선한 원두에서 새하얀 가스가 뿜어 나온다. 기도하듯 다시 두어 번 주전자를 돌려준다. 달콤한 예가체프 향이 식탁 가득 넘쳐나고, 체코에서 사 온 푸른 머그잔이 커피를 가득 품는다. 한 김 빠져나간 커피를 좋아하기에 눈으로 잠시 음미했다가 천천히 입안 가득 한 모금 마신다.

어느 수강생이 선물로 준 말랑한 반시를 커피 안주 삼아 입에 넣고 오물거린다. 주방 창 너머 공원엔 강아지들과 산책 나온 이웃들이 보인다. 학교 가는 아이들, 아침부터 부지런히 걸음을 재촉하는 이웃들, 예전에도 늘 그러했겠지만 느껴지지 않았던 풍경들이다. 두 모금 커피를 삼킬 때쯤 얼마 전 드라마에서 즐겨 듣던 OST가 감미롭게 흘러나왔다. 내게도 애끓는 이십대가 있었던가? 이 아침의 여유가 어느덧 익숙해진다.

오늘은 막내 세나의 금혼식 프로젝트를 함께 고민하는 일정이 잡혀 있다. 초대 손님이 백 명 정도로, 작지 않은 작업이다. 클라이언트와의 협의는 다 마쳤고, 일주일 앞으로 다가온 행사의 막바지 점검과 최종 리허설 정도를 해볼 참이다. 작업에 참여할 인원과 작업도구 등을 챙기고 혹여 부족할 수 있는 부자재도 챙겼다. 콘셉트는 백색, 정면과 테이블 데코를 하얗게 장식하기로 했다. 금혼식장은 야외인데, 푸른 바다와 주변을 에워싼 자연경관이 자연스레 치장을 대신했다. 야외 조명등의 위치를 재어보고 코너마다 꽃으로 장식할 위치를 잡았다. 입구 쪽은 손님을 맞이하는 첫 공간이라 붉고 화사한 꽃으로 장식하기로 하고, 포토존과 가드를 설치했다. 어느 분들일까 부러웠다. 나의 이루어지지 않을 금혼식이 내 잘못인 것만 같은 생각이 드는 건 웬 청승일까.

드디어 금혼식을 치르는 날이 다가왔다. 5월의 에메랄드 빛 바다는 금방이라도 인어가 나타날 만큼 눈부셨다. 금혼식을 축하해주 듯 철썩철썩 파도가 잠시도 가만있질 않았다. 손님이 오기 다섯 시간 전부터 여섯 명의 스태프를 거느리고 이미 예정된 자리에 세팅을 시작했다. 막내 세나의 진두지휘 아래 일사불란하게 손들이 움직였다. 중앙 아치를 중심으로 파트마다 인원이 배치되어 각자 위치를 잡았다. 나도 오늘은 스태프로 참가했다. 서당개 삼 년이면 풍월을 읊는다고 했던가. 칠 년이란 시간 동안 어깨 너머로 훔쳐봐 온 터라 이젠 조언을 해도 세나는 곧잘 인정해준다. 서른이 넘어도 내겐 언제나 막내인 세나가 오늘따라 너무 멋져 보였다. 이런 게 자식이 주는 기쁨인가

보다 싶었다.

굵은 나무줄기 세 가닥을 꼬아 만든 아치를 양쪽에서 받치고, 위쪽에 살짝 나무를 얹으면 멋진 나무 아치가 완성된다. 완성된 뼈대에 초록을 먼저 장식한다. 사철나무로 기본 베이스를 깔고 중간중간 열대 잎을 꽂아준다. 이렇게 초록으로 풍성하게 만든 뒤 클라이언트가 요구한 백색의 꽃들로 장식에 들어간다. 흰 수국을 이용해 듬성듬성 자리를 잡아주고 다음은 흰 장미, 그다음은 리시안셔스, 그다음은 작은 흰 소국 순으로 대칭을 맞추어 가며 빈자리를 채워간다. 어느덧 앙상했던 나무 아치는 푸르고 화사한 베이지 톤으로 변한다. 우아하고 기품 있는 아치로 탄생해 정중앙을 빛낼 준비를 마친다.

입구에서 가족이 손님에게 인사를 할 위치에는 5월의 정원을 더욱 화려하게 빛낼 붉은 장미로 치장했다. 흔한 나무 사다리 위에 오아시스를 감고 S자 모양으로 꽃들을 꽂았다. 그 선생의 그 제자답게 수강생의 손놀림도 재바르고 야무졌다. 붉은 수국과 머리 큰 장미, 검붉은 달리아는 열정적인 탱고의 여인 같았다. 무대 정중앙과는 색다른 입구의 모습은 오는 이들로 하여금 파티를 기대하게 만들기에 충분했다.

포토존의 모습도 이색적이다. 주인공의 자녀들이 어렸을 때 일본에서 생활했다는 인생담이 사진으로 충분히 설명되었다. 생소한 기모노를 입은 가족사진이 인상적이었다. 오십 년 전 결혼식 사진 또한 인상 깊었다. 몇 장의 사진만으로도 두 분의 오십 년 역사가 한눈에 짐작됐다.

드디어 테이블마다 손님이 자리하기 시작했다. 바다와 푸른 산, 잔디 위 순백의 보를 뒤집어쓴 둥근 테이블이 손님을 맞았다. 잔잔한 음악이 흐르고, 영화에서나 볼 법한 현장이 눈앞에 펼쳐졌다.

칠십대 중반의 두 주인공이 입장할 순서였다. 멋지고 예쁜 두 사람은 함께 세월을 견디느라 아둔해진 걸음에 약간은 까칠해진 얼굴로, 그러나 화사하게 웃으며 입장했다. 아이보리 색 원피스에 화관을 쓴 신부는 한 송이 꽃과 같았다. 흰 정장 자켓을 입은 신랑의 모습도 너무나 멋져 보였다. 손을 꼭 잡은 채 입장하는 두 사람에게 많은 박수가 쏟아졌다.

오십 년 동안 행복도, 위기도 얼마나 많았을까. 부부는 자신들이 살아온 세월을 담담하게 이야기했다. 그러다가 간간이 목이 메었고, 간간이 미소도 머금었다. 네 자녀와 그의 손주들은 각기 준비한 장기를 하나씩 자랑했다. 그러는 사이 파티는 석양으로 점점 물들어 갔다. 파티가 끝난 뒤 나는 궁금했다. 두 사람은 어떤 생각으로 금혼식의 그 하루를 지냈을지, 어떤 것이 가장 기억에 남았을지. 아마 자식에 대한 생각으로 채우지는 않았을까.

하루 종일 스태프로 일하면서, 아니 뒷수발이라는 표현이 더 맞을지도 모르지만, 그렇게 행복하고 콧노래가 나온 적은 드물었다. 부부에게도 감동을 받았지만, 그런 아름다운 파티를 연출한 막내에게도 감탄했다. 여리고 여리기만 했던 막내였기에 키우면서 삶을 잘 헤쳐나갈 수 있을까 조금은 염려했던 게 사실이었다. 하지만 세나는 잘해내고 있었다. 내 자랑 같지만 역시 세나는 나를 닮은 게 틀림없었다.

"엄마, 다시 한 번 살펴봐주세요.
엄마가 오케이 하면 만족."
나는 웃었다.
그리고 아무도 모르게 속삭였다.
"굿!"

나는 멋진 금혼식을 연출한 세나에게서 내 모습을 보았다. 시종 미소를 잃지 않은 채 자기보다 나이 많은 스태프를 지휘하고, 몸소 이쪽 저쪽을 뛰어다니며 파티를 완성해내는 모습은 너무 대견하고 아름다웠다. 그것이 바로 나의 모습이었다.

파티를 준비하던 중에 세나가 갑자기 달려와 내 귀에 속삭였다.

"엄마, 다시 한 번 살펴봐주세요. 엄마가 오케이 하면 만족."

나는 웃었다. 그리고 아무도 모르게 속삭였다.

"굿!"

자식이 주는 기쁨은 내가 이루어 내는 기쁨의 몇십 배가 되는 것 같다. 오늘 하루 작업을 마치며 많은 생각이 머릿속을 어지럽혔다. 남의 잔치를 보며 나의 삶을 되돌아보게 되었고, 십수 년 더 남은 나의 금혼식이 될 때까지만이라도 인생을 더 알차게 살아야겠다는 생각을 했다. 내가 세상에 없는 이후에도 자식이 살아가는 데 좋은 영향을 주는 삶을 살아야겠다는 생각도 했다. 정말 행복한 삶이 무엇일까 고민도 하면서 하루를 마쳤다. 몸은 피곤을 호소했지만, 너무 행복한 하루였다. 내일은 또 어떤 일들로 행복할까 기대된다.

딸에게 찾아가는 엄마의 운명

네 살짜리 손자와 큰딸을 보면서 우리 아이들도 어렸을 때 저렇게 엄마를 찾았을까 생각해 봤다. 딸들이 어릴 때 친정엄마가 다 돌봐주신 탓이다. 친정엄마에게 미안한 마음이 들어서였을까. 나는 아이들이 칭얼대고 보채는 것조차 절도 있길 원했고, 예의 없이 떼 부리는 것조차 용납하기 어려웠다. 그렇게 길들여져서인지 아이들도 심하게 떼쓰거나 보채는 일은 창피한 행위라고 인지하면서 커준 것 같다.

아이들이 청소년기를 지나면서 내가 다른 집 엄마들에 비해 너무 냉랭하게 키운 것 같아 미안한 마음이 들었다. 그래서 좀 더 밀착하려 하자 이번엔 아이들이 부담스러워했다. 하던 대로 하라고 했다. 그 반응에 양육에는 정답이 없다고 생각했다. 나는 딸들이 원하는 대로 너무 밀착하지 않았다. 그러자 아이들은 성장한 뒤에도 어릴 때와 별반 다르지 않은 엄마의 태도에 편안해했다. 어쨌든 잘 자라준 것이 고마울 따름이다.

사실 세 딸들 속에서 나도 성장할 수 있었다. 딸들 덕분에 어렸을 때 외로웠던 기억을 만회할 수 있었고, 혼자여서 방황했던 어린 시절의 아픔도 채워 나갈 수 있었다. 평소 셋이서 잘 어울려 노니 나만의 자유시간도 얻을 수 있었다. 딸들이 배려해준 그 시간을 나는 허투루 쓰지 않으려 애썼다.

나는 샤프하게 생긴 모습에 반해 남편과 결혼했다. 그런데 남편은 그냥 샤프하기만 했고, 나는 그것이 못마땅했다. 나는 남편에게서 지적 욕구를 채울 수 있기를 기대했다. 대단한 것이 아니라 같이 뉴스를 보면서 남편이 어려운 경제 용어를 설명해주는, 그런 소박한 공부를 원했다. 그러나 그냥 꿈일 뿐이었다. 그렇게 아기자기한 시간이 우리 부부에게는 없었다. 나는 스스로를 아는 게 너무 없고 부족한 사람으로 알고 있었다. 하지만 남편과 살면서 그 부족함을 누군가에게 기대는 방법으로 채울 수는 없다는 것을 깨달았다. 그 순간부터, 여러 가지 책을 뒤적이며 알려고 애썼다. 배우려고 헤맸다. 그 모습은 아이들에게 자연스러운 교육이 되었다. 아이들은 자기보다 더 많이 공부하고 있는 엄마를 보면서 자극을 받은 것이다. 물론 아이들은 공부만 하는 엄마를 이상하게 생각하기도 했다. 엄마는 싫은 공부를 왜 저렇게 하려고 애쓰는지 의아했다고 한다.

아이들이 중고등학교 다닐 때쯤 세상의 변화와 함께 가요에도 많은 변화가 왔다. 발라드를 좋아하는 나는 숨 가쁜 멜로디와 빠른 가사를 따라갈 수가 없었다. 가수들의 이상한 복장부터가 맘에 안 들었지만 아이들과의 소통을 위해서 그들이 좋아하는 가수를 함께 좋아해 주었다. 그것이 가장 좋은 방법이라 생각했다. 하지만 노래만큼은 정말 따라 부르기 힘들었다. 그래서 나는 인기가수 이름과 노래 제목, 그들이 입은 옷의 특징을 살폈다. 중학생은 노래방 출입이 제한되지만 보호자 동반이면 가능했기에 함께 가서 유행하는 가수의 노래를 눌러주고 노래 부르기를 권유했다. 아이들은 기절할 듯이 좋아했다. 엄마가 어떻게 알았느냐면서 신기해했다.

이렇게 한참을 광란의 시간을 보내고 돌아오면 아이들은 재잘재잘 묻지도 않은 자기들의 고민을 꺼내놓는다. 아이들이 고민이랍시고 친구 얘기든 자기 얘기를 해오면, 나는 철저하게 객관적인 입장에서 얘기를 들어주고 답을 해준다. 이런 것이 습관이 돼서인지 우리 아이들은 친구와 고민을 나누는 것보다 엄마와 나누는 게 훨씬 편하다고 했다. 게다가 엄마와 이야기를 나누다 보면 답도 나오고 후련해진다고 했다. 얼마나 고마운 일인가.

딸들이 어른이 된 지금도 나는 이 기대에 부응하기 위해 잠시도 나를 놓지 않는다. 매일 눈을 뜨면 인터넷 기사로 뉴스를 접하고, 세계정세에도 쉴 새 없이 눈을 돌린다. 여자들이 싫어하는 고리타분한 뉴스도 탐색하고, 나와 관계없는 유럽의 블랙 시트에도 눈을 돌린다. 딸들과 대화거리를 만들기 위해서다.

옛날 나의 시어머니가 그랬다.

"난 너희들에게 절대 물 한 모금도 신세 지지 않을 거다."

시어머니는 호언장담하셨다. 경제적으로도 편안했기에 굳이 아들 며느리 신세를 질 이유가 누가 봐도 없었다. 하지만 인생에는 늘 복병이 있는 법. 오십대 후반에 암이 찾아왔고, 당신 의지와는 상관없이 예쁜 모습도 점차 빛을 잃어갔다. 3년의 시간이 덧없이 흘렀고, 물 한 모금 신세 지지 않겠다던 시어머니는 내게서 마지막을 보내셨다.

이제 내가 그 나이가 되고 보니 생각이 많아진다. 세상 부모들은 대부분 자식에게 짐이 되는 것을 원하지 않는다. 나의 시어머니가 그랬고, 나도 그렇다. 그래서 마음이 복잡해지는 것을 어쩔 수 없다. 적어도 내 의지와 상관없이 병마에 쓰러져도 자식에게 피해 주지 않을 만큼 실비보험은 있는지, 체력적으로 일할 수 없는 나이에 내가 받게 될 연금은 얼마나 되는지 등을 챙겨야만 했다. 준비되어 있지 않은 미래에 대해서 열심히 뒤적여야 했다.

새로운 것에 도전하고 싶은 마음도 커져 갔다. 그래서 나는 타로를 선택했다. 타로를 배우기 위해 매주 한 번씩 6주 동안 기차를 타고 대구로 향했다. 차창 밖으로 스치는 풍경에 늘 쫓기듯 살아온 지난 시간이 보였다. 어느 구간에선 소심해서 제대로 해내지 못한 어린 시절의 나도 보였고, 열정만으로 똘똘 뭉쳐 일하던 삼십대의 나도 보였다. 원치 않던 삶의 블랙홀을 맞은 사십대도, 차츰 안정을 찾아가던 오십대도 보였다.

수업 중에 타로카드를 보며 앞으로 어떻게 살아가야 하는지 답을 얻었다. 운명은 만드는 것이라고 했던가. 젊었을 때는 이미 결정된 것이라고 굳게 믿었는데, 그 믿음이 무너졌다. 운명은 내가 만들어낼 수 있었다.

육십 문턱에서 한두 달쯤 방황을 했었다. 손에 힘이 풀리고 하루하루 사는 게 아니라 하루하루 죽어가고 있다는 생각이 들었다.

'어차피 죽어가는데 왜 난 이렇게 아직도 치열하게 살까?'

답을 찾으려 한참을 헤맸다. 그러던 어느 날, 늘 내게 답을 구하던 자식들이 답을 줬다.

"엄마, 우리는 엄마를 보면서 인생을 배워요."

세 아이가 모두 엄마에게 사랑스런 고백을 자주 한다. 그런데 어느 날 큰딸의 이 한마디 말에 거짓말처럼 방황을 끝낼 수 있었다. 나는 다시 하루하루 다가올 날들을 맞이할 준비를 하기 시작했다. 육십대에는 우아한 할머니로 살겠다는 목표를 다시 가슴에 새겼다.

어느 날 엄마의 조언이 필요하다고 딸아이가 전화를 했다.

"엄마, 이번 주 시간 좀 나세요?"

나는 대번에 대답했다.

"언제든, 딸이 원한다면."

이렇게 난 필요한 엄마가 되려고 오늘도 애쓴다. 아이들을 위해서만이 아니라 나를 위해서도. 그렇게 애쓰며 사는 것이 나의 운명이다.

chapter 6

함께 준비하는 독립의 그날

나는 독립할 준비가 되었다

요즘 많은 청소년들이 자기가 뭘 해야 할지 몰라 고민한다. 학교 성적에 쫓기고, 엄마가 물어다준 정보에 또 쫓기고, 제대로 가고 있는지 확인할 겨를도 없이 그냥 어디론가 내몰리듯 사는 것 같다. 왜 꿈이 필요한지조차 생각해 볼 겨를 없이 산다. 그렇게 떠밀려 살다 보면 먼저 대학에서부터 제동이 걸리기 시작한다. 적성이나 하고 싶은 일이 아니라 성적에 포커스를 맞추다 보니 대학에 가서 학과 공부에 금방 흥미를 잃고 만다. 그러다가 새 진로를 찾기 위해 전과를 하거나 재수를 선택하기도 한다. 그나마 이렇게 조금 돌아가는 선택을 해서라도 자기 길을 찾는 것은 다행이다. 이제 열심히 매진하는 일만 남았기 때문이다.

어른이라고 지금 살고 있는 이 상태가 다 만족스럽지는 못하다. 미래에 대해 불안해 할 때가, 제대로 살고 있는지 확신이 서지 않아 방황할 때가 많다. 어렸을 때는 부모님이 책임을 져주기도 하지만,

성인이 되면 선택의 책임도 오롯이 자신의 몫이 된다. 그래서 삶이 더 버거워지기도 한다. 선택의 결과가 좋든 나쁘든 현실에 그냥 맞추고 살게 된다. 어른의 꿈은 소년의 꿈보다 수정이 더 어렵다. 바꾸기에는 너무 많은 책임과 부담이 따르기 때문이다.

그래도 어른에게는 많은 경험이 있다. 이러한 경험을 살려 자녀에게 스스로의 길에 대한 그림을 그려보는 훈련을 시켜야 한다. 어릴 때 시킬수록 더 좋다. 어릴 때일수록 꿈은 수시로 변한다. 변화하는 꿈의 이야기를 들어주고 응원해주는 것은 부모의 몫이다. 남들이 그 꿈을 비웃을지라도 부모만은 자녀의 편이 되어 주어야 한다.

둘째의 꿈은 대통령에서 시작해 아나운서, 스튜어디스, 대학교수까지로 변했다. 뭐 그리 자주 바뀌냐고 말할 법도 하지만, 나는 한 번도 왜 또 바뀌었느냐고 묻지 않았다. 어리기 때문에 바뀔 수 있기 때문이다. 자주 바뀐다는 것은 그만큼 꿈을 생각하고 미래를 그리고 있는 것이기 때문이다. 자주 바뀌면서 성장하고, 그 속에서 꿈은 자리를 잡는다. 삼십 년 동안 꿈을 바꿔온 둘째는 아직 대통령은 되지 않았다. 그렇지만 대학교수의 꿈을 목전에 두고 있다. 꾸준히 꿈을 그리지 않았다면 이런 순간을 맞이하지 못했을 것이다.

나는 아이들이 어릴 때부터 나의 꿈 이야기를 자주 들려줬다. 서른에는 좋은 엄마, 마흔에는 강단에 서서 강의하는 엄마, 쉰에는 웨딩사업가. 이렇게 10년 단위로 꿈을 설정했다고 들려줬다. 자연스럽게 엄마의 꿈을 듣고 자란 아이들은 엄마처럼 자기 꿈을 설정하며 자랐다. 우리 모두는 힘든 상황 속에서도 저마다의 라이프 로드맵을 작동시켰다. 나는 꿈을 이루기 위해 필요한 일들을 묵묵히 실행해 나갔고, 아이들은 자연스럽게 자기 삶의 궤도를 맞춰 갔다. 정말 대단한 가족 아닌가.

이제는 어른이 되어 나의 손이 거의 필요치 않은 딸들. 그들이 없는 주말, 그 빈집에서 더러는 빈둥지증후군 환자처럼 혼자 있는 시간을 못 견뎌할 때가 있었다.

"어디야? 언제 오니?"

그러던 어느 주말, 딸들에게 전화를 걸어 사춘기 때에도 묻지 않았던 질문을 쏟아냈다. 그리고 멍하니 텔레비전에 시선을 꽂은 채 다섯 시간을 보냈다. 나중에 아이들에 돌아왔을 때 기다림이 지루했다고 투정까지 부렸다. 그런 바보 같은 내 모습에 나도 놀랐다. 아이들이 얼마나 부담스러웠을까? 아이들을 독립시키는 데 주력했지만 정작 나 자신은 독립할 준비가 되어 있지 않음을 깨달았다.

그날 이후 난 혼자 영화도 보러 가고, 혼자 카페에서 글을 쓰기도 하고, 혼자 책방을 들러 젊은이들처럼 두어 시간씩 책을 읽다가 돌아오기도 한다.

예전 우리 엄마만 해도 시부모님을 봉양하고 살았고, 아들에게 의탁하는 것을 당연시했다. 하지만 우리 세대는 마지막 효도하는 세대, 버림받는 첫 세대라고 하지 않는가. 자식들 뒷바라지에 온몸을 바쳤지만 정작 우리를 위한 준비에 소홀했다. 어쩌겠는가? 우리의 오류인 것을. 지금부터라도 남은 생에 대한 로드맵을 그리고 차근차근 살아가야겠다.

글을 쓰는 작업은 내게 새로운 꿈을 그리게 해줬다. 육십을 맞아 지쳐 내려놓을 뻔했던 인생을 다시 설계하게 되었다. 바빠지면서 생기가 넘쳤다. 나의 이야기를 적으며 잊힌 나를 찾아보는 작업이 즐거움을 안긴다. 이제는 하루라도 나를 찾는 작업을 멈추면 찝찝해진다. 누가 읽어주지 않더라도 내가 행복해야 하기에 글쓰기에 매달리게 된다. 도대체 할 일이 없고 무료하다며 매일같이 목욕탕 속에서 하루의 반을 보내는 이웃을 볼 때면 경이롭기까지 하다. 난 습관적으로 아니 병적이라는 표현이 더 맞을지도 모르겠다. 욕탕 물에 들어앉아 느긋하게 즐길 줄을 모른다. 재미있는 주변의 신변잡기에는 관심조차 없다.

얼마 전 SBS 스페셜 프로그램애서 본 노후에 대한 이야기가 내게 많은 울림을 줬다. 준비됨 없이 나이 드신 어르신과 아직은 할 일이 많다는 어르신의 이야기였다. 두 어르신의 하루와 그 삶의 내용은 무척 달랐다.

팔순이 넘은 나이에 배울 게 많아 시간이 적다는 할머니의 엷은 미소가 너무 예뻐 보였다. 할머니는 여든의 나이에 자신과 같이 나이 든 노인의 놀이가 없다는 사실을 인지하고 게임을 만들기까지 했다. 여든의 나이에 거동이 힘들 텐데도 노인들의 외로움을 알기에 이를 해소시켜주기 위해 게임을 만들고자 동분서주하는 모습이 아름답게 느껴졌다.

반면 이 시대의 부부들이 그렇듯 자식에게만 온통 관심이 가 있는 어르신의 모습은 애처롭기까지 했다. 이제는 성장한 자녀들이 부모를 걱정해야 하는 때인데도, 어쩌면 부모로부터의 독립을 간절히 원하는 자식일 수 있는데도 자식에게 몰두해 있는 모습은 집착과도 같아서 안타까움이 더해졌다.

장성한 자식의 뒷모습만 바라보는 일로 만족할 일이 아니지만 자신의 남은 생애에도 활력을 불어넣어야 한다고 생각한다. 선택은 본인의 몫이다. 과연 나는, 아이 우리는 어떤 선택을 해야 할까는 자명하다.

감사합니다, 날마다

재가보호센터에 근무하는 후배에게 전화를 걸었다. 오래전 함께 근무한 사회 후배이자 동료인 반 선생은 어르신께 참으로 지극정성이다. 어르신을 보살피는 일은 사명감 없이는 불가능한 일이다. 나는 주간보호센터에서 2년을 근무한 적이 있었다. 매일 아침 유치원처럼 어르신이 와서 낮 시간 동안 케어를 받다가 돌아가는 곳이다. 그곳에서 치매 어르신도, 몸이 불편한 어르신도 많이 만났다. 사회복지를 공부하기 전까지는 솔직히 이런 기관이 존재하는지조차 몰랐다.

기관에 처음 오는 어르신들은 대체로 조금은 낯설어 한다. 가족에게 내쳐진 게 아닌지 걱정도 한다. 하지만 일주일 정도 적응 기간이 지나면 대부분 표정이 밝아진다. 자녀들의 얼굴에도 웃음기가 돈다. 긴 병에 효자 없다고, 누구랄 것 없이 불편한 어른을 집에 모시고 살면 지치기 마련이다. 주간보호센터가 그 짐을 덜어주니 자녀들의 어깨도 한결 가벼워지는 것이다.

보호자와 상담을 하다 보면 가족의 삶의 질 또한 많이 떨어져 있다는 것을 느낀다. 힘겨워하는 그들에게도 위로가 필요함을 절감한다. 어르신에게도, 그 가족에게도 기관은 긍정적인 기능을 한다.

그런 곳에서 열심히 일하는 반 선생이 반갑게 내 전화를 받았다. 반 선생은 백여 분의 어르신을 찾아간다고 했다. 나는 반 선생 편에 불고기를 절여 만든 도시락을 각 가정에 보내드리고 싶었다. 내 조그만 수고로 가족의 손을 단 한 끼라도 덜어드리고 싶은 마음에서 말이다. 기관의 어르신들은 누군가에게 관심받는 것을 좋아해서 그 마음을 달래 드리고 싶었다. 내 존재는 드러내지 않고 몰래 맛있는 밥이나 대접하고 싶었다.

도시락 준비 과정은 즐거웠다. 평상시 많이 사지 않던 소고기를 양푼 가득 준비하는 걸 본 딸들이 놀라워했다. 사연을 들은 딸들은 자발적으로 십시일반 비용을 거들었다. 딸들이 엄마의 선행을 반겨주니 장보는 내내 콧노래가 나왔다. 양파와 키위, 배를 넣고 믹서에 갈아 고기 위에 가득 부었다. 대파와 당근도 채 썰고, 고루 양념이 배도록 버무려 김장용 비닐에 두 군데로 나누어 담았다. 그러고 나서야 허리를 폈다. 오랜만에 하는 주부 놀이에 허리는 아팠지만 기쁨은 두 배였다. 기쁨으로 예쁘고 맛난 반찬 도시락이 만들어졌다. 도시락 만들기는 나의 첫 봉사 활동이었다.

기독교인으로서 송구영신 예배 때 기도를 드렸다. 조금만이라도 생활이 나아지면 내가 미처 둘러보지 못한 주변을 살피면서 살자고. 그래서 생각해낸 것이 도시락 봉사였다. 몸이 불편한 친정엄마를 마지막 6년간 모시다가 하늘나라로 보내드려서인지, 내 관심은 늘 노인의 건강과 안위에 있었다. 친정엄마를 모시고 보니 어르신들에게 가장 필요한 것은 주변의 관심이라는 것을 깨닫게 되었다. 도시락은 그 깨달음의 작은 실천이었다.

아이들이 어릴 적 어느 추석날이었다. 셋이서 꼬물꼬물 속닥속닥 뭔가 작당을 하고 있었다. 한참을 방 안에서 무언가를 부스럭거리더니 꽃 포장지로 엉성하게 포장한 무엇인가를 들고 나왔다. 그리고 추석 음식으로 장만한 전이며 떡을 한 접시만 싸 달라고 하는 게 아닌가. 이유를 묻고 포장된 선물을 물었다. 그랬더니 셋이서 용돈을 모아 양말 두 켤레를 샀고, 선물을 받을 주인공은 아파트 경비 할아버지라고 했다. 아침상을 물리고 내가 송편과 식혜를 벌써 전해 드렸지만, 아이들의 마음을 담은 음식을 한 번 더 보내드렸다. 경비실에 다녀온 딸들이 전했다. 경비 할아버지가 그 어머니에 그 딸들이라며 머리를 쓰다듬어 주었다고. 생활이 힘들어지면서 한동안 우리 살기에 바빠 주변을 못 본 척 몇 해를 살아왔다. 감사해야 할 이웃이 참 많은데 말이다. 그 추석의 양말과 음식은 우리 가족의 감사의 표현이었다.

내가 어렸을 때 매주 일요일이 되면 동네 스피커에서 나오는 새마을 노래를 듣고 모두 잠에서 덜 깬 눈을 비비며 빗자루를 들고 동네 공터로 모였다. 앞집 언니, 뒷집 오빠 그리고 선생님까지. 어쩌면 감독관이 있어서 안 나올 수가 없었는지도 모른다. 모두가 노랫소리에 맞춰 동네를 쓸기 시작했다. 억지로 하는 청소였지만 요즘은 때로 그런 추억이 그립다. 무슨 이유로 온 동네 사람을 한곳에 모은단 말인가. 각자가 유익이 없으면 모두가 타인처럼 무관심하게 살아가는 요즘 그런 기억조차 아름답다.

동네 어느 집 초상이라도 나는 날이면 온 동네가 사흘 또는 닷새 동안 상주가 되고 친척이 되었다. 그래서 남은 이에게도 망자에게도 슬픔과 위로를 주었다. 누구 하나 수고로움에 생색도 내지 않았고, 망자를 보낸 가족들이 다시 일상으로 돌아올 수 있도록 최선을 다해 도왔다. 이런 이야기를 들려주면 아이들은 무슨 외계인의 생활을 듣는 듯 신기해한다.

요즘은 앞집에 방문하는 일조차 쉬운 일이 아니다. 그나마 엘리베이터에서 마주칠 때 눈인사라도 나누면 다행이다. 많은 사람들이 '나'를 닫고, 남의 관심은 간섭으로 여기고 살고 있다. 그런 세상에서 나부터라도 조심스럽게 보이지 않는 마음의 사각지대를 보려고 애써 본다. 부족하지만 이런 마음을 갖는 자체가 감사하고 행복하다. 내년엔 또 어떤 계획을 세워볼까.

나비를 키우는 나비

커다란 스케치북을 한 장 찢어 식탁 한가운데 펼쳐놓고 딸 셋 그리고 나까지 연필을 한 자루씩 들고 모여 앉았다. 꿈 그리기 놀이를 하기 위해서였다. 어린 시절, 아무도 나의 꿈에 대해 관심을 두지 않았던 것에 복수라도 하듯 시간만 있으면 아이들과 꿈 그리기 놀이를 했다. 아직 꿈에 대해 잘 알 리 없는 어린 딸들을 모아놓고. 꿈 그리기 놀이를 하면서 나의 오십대 꿈은 아이들과 함께 이루어 나가는 것으로 설정했다.

웨딩 사업을 하고 싶었다. 〈나는 독립할 준비가 되었다〉에서 언급한, 10년 단위로 설정했던 꿈을 말하는 것이다. 웨딩 사업을 하려면 많은 비용이 들지만 어떻게든 가능하리라 믿었고, 문제되지 않으리라 생각했다. 업체 이름도 아이들과 의논 끝에 아이들의 이름에서 한 글자씩 골라 지었다. 나에겐 적어도 이십수 년 후의 목표였고, 아이들에게도 삼십 년쯤 후의 일이지만, 각자 역할도 정했다. 나는 총괄을, 큰딸 하나는 재무를, 두나는 상담을, 세나는 신부의 모든 것을 담당하기로 했다. 금방이라도 오픈할 것 같은 기분으로 서로 역할 놀이에 충실했다.

그러나 나의 꿈은 예상 못한 파도로 점점 밀려나고, 시간은 덧없이 흘러만 갔다. 잠시 접어두고 삶의 체험 현장에서 꿈이 아닌 생계에 최선을 다했다. 꿈이 점점 멀어지는 것 같아 안타까웠지만 생계 외에 선택의 여지가 없었다. 결국 꿈은 달라졌다. 웨딩 사업가에서 카페 주인으로. 나는 단돈 백만 원으로 카페를 창업하며 새로운 꿈을 이루었다. 웨딩 사업은 아니었지만 아이들과 함께하는 사업으로 모양새를 갖추어 갔다. 신기했다. 오래전 연필로 그렸던 그 꿈이 눈앞에 나타난 것만 같았다.

플로리스트인 막내 세나에게 야외 웨딩 작업 섭외가 심심찮게 들어온다. 본격 웨딩 사업은 아니지만, 웨딩 사업가라는 지난날의 꿈이 세나를 통해서 실현되는 기분이다. 언제나 아기 같았던 막내가 엄마를 뿌듯하게 만들고 있다. 세나는 클라이언트와 상담을 할 때도 당당한 태도로 매끄럽게 진행해 나간다. 그 모습을 보는 것은 엄마로서 큰 기쁨이다. 다른 딸들도 각자의 영역에서 맡은 일들을 잘해내고 있다. 주위에서 어쩌면 딸들이 하나같이 자기 일을 척척 잘해내느냐며 칭찬도 하고 부러워도 한다. 그에 대한 나의 대꾸는 다음과 같이 정해져 있다.

"엄마가 꾸준히 무언가를 하면 돼요."

늘 생각하고 연구하는 엄마를 보고 자란 우리 아이들은 그 모습을 배우지 않을 수 없었다.

윤나비. 큰딸 친구들은 어느 날부터인가 나를 윤나비 언니라고 불러줬다. 인스타그램에서 나비 언니의 안부를 물어올 때면, 난 삼십대 친구를 둔 것 같아 기분이 좋았다. 딸아이 친구들의 눈에 참 자유스러워 보였을까. 아니면 뭔가에 꾸준히 도전하는 모습이 본인들 엄마와 달라서일까. 그게 내겐 생계였고, 피할 수 없는 선택이었다 하더라도 그들의 눈에는 자유롭고 항상 도전하는 모습으로 비친 모양이다. 어찌 됐든 이름에 걸맞게 철저하게 자유로운 영혼, 도전하는 영혼으로 살기로 삶의 방향을 잡았다.

그러나 점점 육체적인 한계가 느껴진다. 일의 속도도 남들은 눈치채지 못하지만 떨어지고 있다. 육체의 나약함은 정신으로 이어졌다. '벌써부터 이렇게 힘이 빠지면 앞으로 어떻게 살아가야 할까?' 하는 고민이 나를 엄습했다. 퇴직금을 두둑이 챙긴 것도 아니고, 육십이 다 되도록 먹고사는 문제만 겨우 해결하며 살고 있으니 앞으로가 막막했다. 지금껏 살아온 삶이 어처구니없이 느껴지기도 했다. 그러다 보니 마음은 자꾸만 옛날로 거슬러 올라갔다. 결혼 전 능력 있는 맞선 상대를 놓친 것이 후회가 될 정도였다. 나보다 공부 못했던 동창이 의사 부인이 되어서 안락하게 사는 모습도 배가 아팠다. 윤 나비의 자존감이 갈수록 약해져 갔다.

그러나 역시 나비는 나비였다. 나는 다시 날개를 펼쳤다. 원래 내가 좋아했던 상담일을 준비하고자 마음먹었다. 그래서 올해 초부터 책을 덮은 먼지를 털어내고, 각종 자격증을 준비하기 시작했다. 아이들에게도 나의 계획을 들려줬다. 원하는 일이지만, 바로 생계를 해결할 정도의 수입과 연결될지 그 여부는 모르지만 일단 계획을 세웠다. 오십대에 지나쳐버린 웨딩사업은 내 생의 마지막 사업으로 잠정 보류하고, 일단 하루하루 삶을 충실하게 살아내기로 작정했다.

그런데 공부하는 일이 만만치 않았다. 이해는 해도 전혀 암기가 되지 않으니, 책장을 덮는 순간 공부한 것이 날아가버리기 일쑤였다. 인기강사의 강의는 귀에 쏙쏙 들어왔지만 돌아서면 메아리만 남았다. 그렇게 6개월을 헤맨 끝에 결국 부부상담사 자격증을 손에 넣었다. 학교 다닐 때 상장 이외에 상패 같은 내 자격증이 거실에 오르기는 실로 오랜만이었다.

"엄마 대단해요. 고마워요."

아이들의 축하송이 왜 그리 듣기 좋은지! 사위에게도 자랑스러운 장모의 모습을 보여줘서 내심 기뻤다.

둘째를 임신한 큰딸이 어린이집에 첫 아이를 보내고 남는 시간이 너무 아깝다며 일주일 프로그램을 짜서 시간을 보내고 있었다. 초등학교 때 그만둔 피아노도 다시 시작하고, 아파트에서 무료로 가르쳐주는 캘리그라피도 배우고, 혼자 조용한 카페에서 독서도 즐겼다. 둘째 첫돌이 지난 후의 계획을 짜느라 무던히도 애를 썼다. 맞벌이할 때는 몰랐는데 외벌이 하면서 작은 돈 쓰는 것도 신랑에게 미안하더라며, 동전 하나도 허투루 쓰지 않는다고 한다. 시집가기 전 자기 방도 안 치워 혼나던 큰딸이 아이 키우는 집이 맞을까 싶을 정도로 정

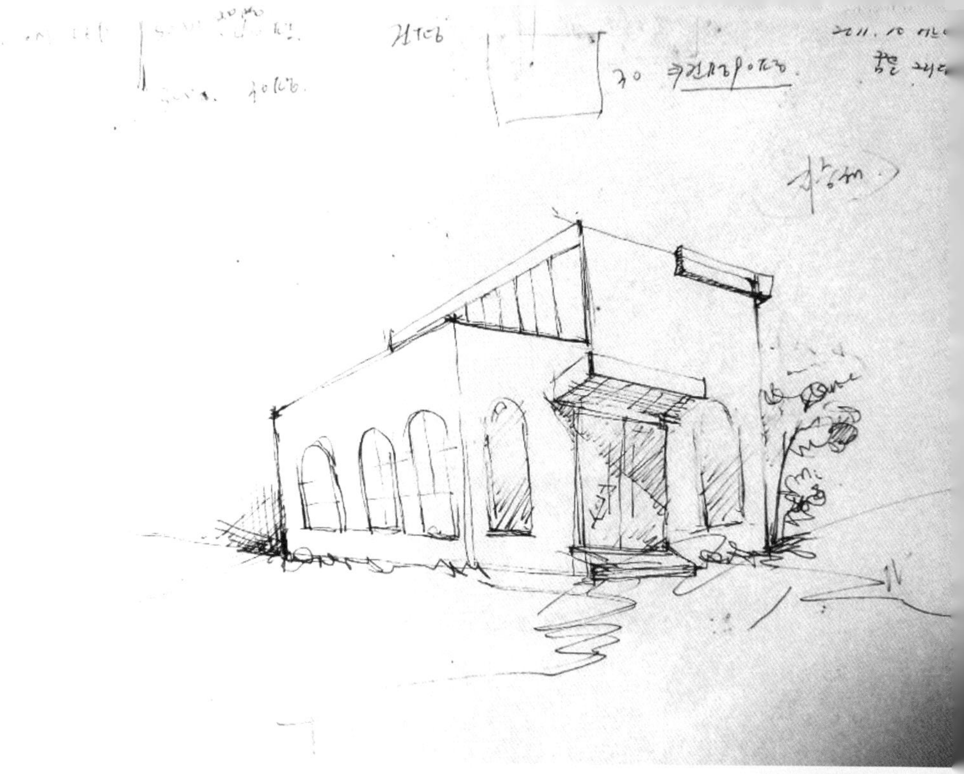

우리에게는 삼 년 후의 꿈이 있다.
함께하게 될 공동의 프로젝트를 위해
우리는 오늘도 파이팅을 외친다.

리정돈도 잘하며 살고 있다. 도태되지 않으려고 끊임없이 애쓰는 모습이 영락없이 나인 것 같다. 큰딸도 내 뒤를 이어 나비가 될 것만 같은 조짐이다.

뭔가 하지 않으면 불안해하는 모습이 장모님을 닮았다고 사위가 말했다고 한다. 칭찬인지는 모르겠지만, 틀린 말이 아니다. 우리에게는 삼 년 후의 꿈이 있다. 함께하게 될 공동의 프로젝트를 위해 우리는 오늘도 파이팅을 외친다.

부모의 독립 운동이 필요한 시대

몇 해 전 텔레비전 광고가 기억난다. 주말에 할머니 할아버지 집을 방문한 손주들이 집을 쑥대밭으로 만들고, 돌아갈 때 자녀들이 고생하셨다며 용돈을 주머니에 찔러주는 내용이었다.

"아니, 뭘 이런 걸."

용돈을 받은 할아버지의 미소. 올 때보다 갈 때가 더 좋다는 할아버지의 진심이 담긴 미소였다. 짠하면서도 웃음 짓게 만드는 장면이었다.

예전 대가족이 한집에 살 때는 전혀 볼 수 없는 풍경이다. 조부모님이 당연히 모든 집의 중심이었고, 예를 갖추는 거며 음식을 먹는 순서까지, 조금만 틀려도 불호령이 떨어졌고, 상놈의 자식인 양 취급받았다. 핵가족이 되면서 할머니 할아버지 댁은 아이들 방학이 되어서야 겨우 며칠 다녀오는 곳이 되었다. 그래도 그 며칠 동안의 추억은 아이들이 성장한 후에도 늘 푸근하게 감싸준다.

생애 첫 방학을 맞아 외가에 놀러온 손자를 위해 나는 물놀이, 박물관 견학, 미술관 탐방, 뮤지컬, 로봇 만화영화 관람 등 빽빽한 일주일 스케줄을 소화하는 운전기사에 배정되었다. 바쁜 이모들을 대신해서 다양한 프로그램을 짜서 오신 큰따님을 위해 온 일주일을 헌납했다. 아직 33개월밖에 되지 않은 손자는 감정 표현이나 느낌을 잘 묘사해서 주위를 놀라게 했으며, 웃게 만들었다.

"고마워요, 재미있어요, 감사해요, 기뻐요, 사랑해요."

연신 이런 표현을 하는데, 어떤 보상보다 흐뭇했다.

아직은 경제적 부담이나 건강을 크게 염려하는 단계가 아니다 보니 손자와 함께하는 시간도 순조롭지 않을까 생각한다.

살아가면서 아들 갖지 않은 것을 참 다행이라고 생각할 때가 많다. 본래 경제적으로 넉넉하거나 노후 걱정이 없을 만큼 준비가 잘된 사람은 그나마 덜하지만, 살림이 빠듯한 사람에게는 요즘 아들 키우기가 부담스럽다. 대학 공부시키고, 취업될 때까지 뒷바라지해주고, 장가까지 보내주고 나면 정작 자신을 위한 준비는 여력이 없어 못하는 사람이 많다. 아직까지도 대한민국의 아들에게는 '집 장만'이라는 의무가 부여되기에 돈이 많이 드는 것이 사실이다.

아들을 결혼시키면서 생활비의 일부를 책임지라는 확약을 받아두는 부모도 여전히 일부 있지만, 당연히 책임지겠다며 큰소리치는 아들 또한 적지 않다. 그러나 어디 현실이 그런가. 아들도 막상 가정을 꾸리면 제 앞가림하기도 빠듯한 게 사실이다. 부모에게 생활비를 듬뿍 안겨주기가 녹록지 않다. 부모는 자식에게 투자한 일부라도 받고 싶겠지만, 두 눈 꾹 감고 참아야 한다.

아들은 돈이 부족해서 생활비를 많이 못 드리기도 하지만 아내의 입장 역시 큰 벽이다. 시댁 쪽으로 추가 기우는 것을 반기는 아내는 요즘 없다. 생활비든, 용돈이든, 선물이든 시댁과 친정이 동등하기를 바란다. 요즘 아들들은 이런 아내들의 생각에 많이 동조하는 분위기다. 그러나 아직 우리 세대 아들들의 부모는 이 분위기에 거부감을 느낀다. 여전히 출가외인을 강조한다. 아름답게 시작해야 할 새로운 가정은 여기서 삐걱대기 시작한다. 시부모가 간섭까지 하는 가정은 삐걱거림을 넘어 덜그럭거리고 만다.

"남편 아침밥은 먹였니? 걔는 고기 좋아한다. 생선은 안 먹어."

"내가 귀하게 키운 아이다. 네가 잘 맞춰줘."

이런 식으로 시시콜콜 시어머니의 안내방송이 날아들면 며느리는 담을 쌓기 시작한다. 연애할 때 멋있던 남편을 부족한 병 덩어리로 보게 된다. 결국 비극의 막이 열리게 된다.

시어머니가 이렇게 바꾸면 어떨까?

"아가. 네가 좋아하는 음식은 뭐니? 특별히 음식 알레르기는 없니? 좋아하는 건 뭐야?"

얼마나 멋진 시어머니인가.

아들이든 딸이든, 부모는 자녀가 독립적인 사고를 할 수 있는 사람으로 성장할 수 있도록 도와주는 것이 좋다고 생각한다. 우리 세대 자체가 독립적이지 못한 삶에 불만을 가졌음에도 불구하고 자식에게 은근히 요구하는 것 같다. 부모가 독립적인 생각을 가질 때 자식도 독립적 사고를 가질 수 있다. 원하는 것이 있으면 쿨하게 말해주는 것이 서로의 입장을 명확히 알 수 있고, 나아가 소통에도 도움을 준다.

아직 새로운 가정에 익숙해지기도 전인데, 시부모가 지나친 관심을 보이면 큰 이질감을 낳는다. 예전의 방식을 강조한다고 해서 고분고분 순종적으로 따라주는 세대도 아니다. 그러므로 자녀의 분가와 동시에 부모의 정서적 분가도 함께 이루어져야 한다고 생각한다. 어른의 위치를 나이로만 찾으려 하면 안 된다. 세상을 먼저 산 사람으로서의 현명한 지혜와 판단은 객관적으로 사용됐을 때 효과가 극대화된다. 분명 상하관계이지만, 동등한 존재로 대우해서 인정받고 있다는 생각이 들게 하는 게 중요하다. 매사 부모의 입장에서 하달하다 보면 이것은 대화가 아니라 통보이므로 서로 간의 긴밀한 이야기를 나눌 수가 없다. 서로 이해하고 서로 협조하는 분위기만이 새로운 가족을 형성하고 만들어 가는 지름길이다.

시부모가 이런 대화로 관계를 시작해보는 것도 나쁘지 않다.

"준비가 많이 덜된 상태겠지만, 이제부터 우리 두 집 서로 열심히 살아보자."

부모와 자녀가 서로 존중할 수 있는 관계를 만들어 가는 것이 필요한 시대이다. 서로의 라이프스타일을 인정해주자. 각자의 삶에 충실하다가 함께할 때는 배려해주자.

"내 아들을 사랑해 줘서 고마워."

어느 외국 시어머니의 첫마디. 사랑하는 아들을 빼앗겼다고 여기는 많은 한국 어머니와는 달라도 너무 달랐다. 이 다름이 그들을 행복하게 하는지도 모르겠다.

"어머니, 저희 집에 언제 오실 거예요? 아이들이 보고파 해요. 그리고 저도요."

"생각해보고 시간 만들어 볼게. 큰 기대는 하지 마. 내가 좀 바빠."

언제쯤 우리는 시어머니와 며느리가 이런 대화를 나누는 풍경을 자주 볼 수 있을까.

시집을 갔으니 지혜롭거라

미처 맛보지 못한 딸기라떼, 테이크아웃 잔에 담겨서 나가는 동그란 생딸기가 너무 맛있어 보였다. 한잔만 하고 싶어 두 손으로 턱까지 예쁘게 받치고 바를 향해 애처로운 눈빛을 보냈다. 걱정 말라는 듯 맏언니 바리스타 꼬진이가 탐스러운 생딸기를 얹은 예쁜 딸기라떼 한잔을 내밀었다.

카페를 연 지 백일이 조금 지났다. 폐업하고 정확히 5년 만에 다시 시작한 카페이다. 10년 전 우리 가족은 돈 한 푼 없이 카페를 시작했었다. 그 자체가 기적이었다. 또한 그 기적 같은 장소에서 많은 것을 이루어냈다. 당시 카페를 돕기로 한 두나와 세나에게 5년의 시간을 조건으로 걸었다. 사회 초년생 두나는 대학총장님 비서로 근무 중이었고, 세나는 스튜어디스에 도전했다가 세 번의 고배를 마신 직후였다. 단단한 직장을 다니던 두나는 자기가 하고 싶은 일을 하고 싶어서 카페를 돕겠다고 했다. 나도 여느 엄마와 다를 바 없기에 잘 다니는 직장을 때려치우려는 두나를 만류하고 싶지 않았지만, 늘 아이의 이야기에 귀 기울여주는 엄마였던지라 마음은 편치 않았지만 두나의 뜻을 꺾지 않았다. 두나는 커피를 가르치는 교수가 꿈이라고 했다. 나쁘지 않았다. 하지만 그 길은 쉽지 않으리라 예상했다. 그 예상은 빗나가지 않았다. 영문을 모르는 동네 친구들은 왜 잘 다니는 직장을 그만두게 했느냐 말들이 많았다. 적어도 그들 눈엔 내가 멀쩡한 두 딸을 생계 도우미로 쓰는 걸로 보였나 보다. 누누이 설명하는 일도 그땐 내겐 버거웠다. 불투명한 그러나 해내야만 하는 그런 목표가 있었기에.

세나는 꽃을 공부하고 싶다고 했다. 스튜어디스의 차선책으로 꼽은 꿈은 내가 전혀 모르고 생각도 못해 본 분야였다. 어쨌든 세나에게도 5년의 시간을 주었다. 각자 5년 동안 앞만 보고 자신의 꿈을 향해 달려가기로 했다.

약속한 5년의 시간이 흘러 카페를 정리했다. 다행히 전문가의 냄새를 폴폴 풍겨 많은 단골을 확보했다. '잘될 때 넘겨야지!' 하는 얄팍한 계산도 있었다. 어쨌든 우린 성공적으로 가게를 넘겼고, 지긋지긋했던 가난에서도 거의 탈출할 기미가 보였다. 5년의 시간 동안 두나는 여러 커피 대회에 출전하며 자기의 역량을 채워갔고, 조금씩 두각을 나타내기 시작했다. 겁쟁이 세나는 혼자서 말도 통하지 않는 유럽까지 날아가서 배우고 싶은 선생님을 찾아 수업을 듣곤 했다. 그리고 마침내 아이들은 믿어준 엄마에게 보답이라도 하듯, 자신의 일을 찾았다. 불확실한 미래에 대해서 몹시 두려웠을 텐데, 그것을 이겨낸 것이다. 현재 두나와 세나는 열 평 남짓한 두 공간에서 수강생들을 가르치고 있다. 그들이 또 다른 두나와 세나가 되는 꿈을 키워가는 모습을 보면 정말 가슴 뿌듯해진다. 나를 말리던 동네 친구들은 이제 나를 너무 부러워한다. 5년 동안 불안했을 내 가슴은 알지도 못하면서.

살아내는 것. 지난 삼십여 년의 시간은 내게 '살아내는 것'과의 싸움이었다. 어느 날 누군가의 아내가 되고, 낯선 집의 며느리로서 중심이 되어야 했고, 세 딸의 엄마로 살아야 했다. 책임은 더러 사람을 철들게 하는 묘약인지도 모른다. 양가가 경제적으로는 비슷한 상황이었으나 정서적 가치관이 너무 다른 집이었기에 신혼의 서투른 새댁이 결혼 1년 만에 입이 돌아갔다. 그런 조건이 충분히 갖춰져 있었다.

이북에서 내려온 시어머니는 경제적 어려움 없이 사신 탓인지 하나밖에 없는 시누이보다 더 철이 덜 든 듯 내 눈에 비쳤다. 사랑 충만한 시아버지는 연신 "아가야, 아가야" 하면서, 때론 내 이름 석 자를 부르며 당신 앞으로 호출을 했다. 권위적인 친정아버지와 달리 시아버지는 자상했지만 간섭이 지나쳐서 사람을 지치게 만들었다. "아기 백일엔 네 손님이 몇 명쯤 되겠니?", "이번 김장엔 배추 몇 포기를 담그면 좋을까?", "네 옷만 사지 말고 하나밖에 없는 시누이 옷도 한 벌 같이 사면 안 되겠니?" 이렇게 시아버지의 도를 넘은 간섭은 끝이 없었다.

어느 날 시아버지의 출근 도시락에 A4용지 네 장 분량의 편지를 넣었다. 너무 오래된 일이라 내용은 세세히 기억나지 않지만, 아마 불합리하고 일방적인 것에 대해 시정해 달라는 내용이 아니었을까 싶다.

일 년 반 동안의 시집살이는 철없는 외동딸이었던 내가 점점 자아를 찾아가는 원동력이 되기도 했다. 어느 날 술을 좋아하시는 시아버지의 취중 실언으로 우리는 드디어 분가하게 되었다.

"아가야, 너 분가하고 싶니? 집 한번 알아봐."

술이 깨시기까지 두어 시간, 난 어린 큰딸을 등에 들쳐 업고 시댁에서 가장 먼 곳에 열 평짜리 아파트를 계약하고 왔다. 방 한 칸이어도 좋을 것 같았다. 분가는 그렇게 실없이 이루어졌다.

시아버지는 우리가 분가한 이후 한참이 지나 우리 집을 다녀갔다. 당신의 실언을 며느리가 한달음에 실천할 줄은 까맣게 몰랐을 테니 얼마나 서운하셨을까. 그러나 난 살 것 같았다. 돌아간 입도 어느새 제 자리로 돌아와 있었다.

시댁 어른의 무리하거나 비합리적인 요구에 속상해만 했던 나는 해결 못하는 남편에게 화풀이를 하고 살았었다. 친정엄마가 살아낸 시집살이와 비교하며 스스로를 위로하고 살았었다.

"귀머거리 삼 년, 벙어리 삼 년."

옛날 어머니들이 시집가는 딸에게 들려준 이 말을 친정엄마도 혼수처럼 내게 들려주었다. 그러나 나는 시집간 두 딸에게 이 혼수를 보내지 않았다(책을 쓰는 중에 두나가 결혼했다).

"네가 택한 결혼에 책임은 다하되, 너 자신을 잃는 딸은 되지 않길 바란다."

내가 딸에게 준 혼수는 이것이다. 그리고 똑똑한 여자이기보다는 지혜로운 여자가 되라는 주문을 예단으로 보냈다.

아들이 없는 나는 아들 부심이 뭔지 모른다. 하나가 결혼하겠다고 큰사위를 데려왔을 때도 나보다 현실적인 면을 더 잘 보는 하나를 믿었고, 적어도 나보다는 현명한 판단을 내렸을 거라 믿고 흔쾌히 허락했다.

두나가 시집간 지 반년이 지나고 있다. 왜 결혼하면 시가의 풍습을 익히게 하고 처가에는 닭만 축내게 하는지. 내가 살아낸 세월이니 딸들에게도 그냥 살아내라고 해야 할까.

"지혜로워라."

나의 당부를 내 두 딸이 기억하리라 굳게 믿어본다.

방황하고, 꿈꾸고, 창업하고

육십이 되고 2년을 방황했다. 찬란한 뭔가가 있을 줄 알았던 내 삶을 돌아보니 살아내기에 바빴던 날의 연속이었고, 숨 쉴 만해서 돌아보니 어느덧 육십이었다. 육십이 뭐기에, 억울하다는 생각으로 하루하루를 채워갔다. 쌩쌩하던 내 육신은 구멍이 숭숭나기 시작했다. 생각과 달리 일상에서는 세련되지 못했다. 버벅대기 일쑤였고, 잘난 척하던 내 거만함은 어느새 어깨가 축 처졌다. 자신감과 자존감은 자꾸 헐값으로 내놓게 되었다. 왜 사는지, 아니 꼭 살아야 하는지 하는 질문이 끝없이 꼬리를 무는 밤이 늘어만 갔다. 관심이 가는 것들이 사라져가는 느낌에 삶의 이유가 갑자기 없어진 것 같았다. 늘 남을 위해서만 살았지 나를 위해 산 적은 없는 것 같았다. 자살하는 사람이 이해되기 시작했고, 급기야 더 늙어 주름 많아지기 전에 그냥 잠들고 싶다는 생각도 들었다.

눈치 백 단 세나가 비어 있는 건물 1층에 카페를 열어보자고 제안

했다. 언니 두나가 시집가고 난 이후 저녁 늦게 수업을 하고 내려오면 불 꺼진 1층이 을씨년스럽단다. 그러나 이제는 그냥 숨만 쉬며 살고 싶었다. 10년 전처럼 발악하며 살 이유가 없었다. 덜 먹고 안 쓰면 그만이었다.

그러나 세나는 끈질겼다.

"엄마의 에너지는 아직 무한해요. 엄마가 움직여야 우리는 엄마의 에너지를 받을 수 있다고요. 쓸모가 많은 우리 엄마!"

계속되는 권유에 내 안의 본능이 스멀스멀 올라왔다. 결국 카페를 다시 하기로 마음먹고 인테리어를 시작했다. 그날 이후 난 불면의 밤을 뒤로하고 단잠을 잤다.

'그래. 내일이 끝이라고 해도 최선을 다해 나를 위해 살아보자.'

그렇게 목표를 설정하고 나니, 육신은 못 따라가도 정신은 움직였다. 예전으로 돌아가 머릿속 회로를 다시 작동시켰다. 신나는 날의 연속이었다. 바리스타인 두나 덕에 커피 만드는 일은 손쉬웠고, 플로리스트인 세나 덕에 카페 입구는 꽃들로 가득했다. 처진 나의 어깨는 어느새 제자리를 찾았다.

바리스타 겸 플로리스트인 카페 식구 꼬진이는 요즘 흔히 말하는 욜로족이다. 2세 계획은 없이 부부만의 라이프에 초점을 둔 채 감히 우리가 용기 낼 수 없는 삶을 멋지게 살아내고 있다. 짧은 헤어스타일에 고급스러운 미소는 우리 가게를 대표하기에 부족함이 없다.

아직은 이십대인 마단이 엄마도 우리 카페 식구이다. 마루와 단추라는 반려견들의 엄마이다. 두나의 제자이기도 한 마단이 엄마는 공황장애를 앓고 있다고 했다. 면접 보러 온 마단이 엄마의 표정이 잊히지 않는다. 둘 곳 없이 떨어뜨린 눈빛에서 자존감이라고는 찾아볼 수가 없었다. "뽑아 주시면 최선을 다해 열심히 하겠습니다."라는 이력서의 글귀가 아프게 와 닿았다. 조금은 어눌하게 보여 솔직히 마음이 쓰였던 마단이 엄마는 보석 중의 보석이었다.

칭찬에 인색한 삶을 살아온 것 같은 마단이 엄마는 나와 카페 식구들의 쏟아지는 칭찬과 격려로 하루하루 얼굴이 달라져갔다. 어두웠던 눈빛은 초롱초롱 인형 눈빛으로 변해갔다. 재료 준비며 청소며 늘 바지런하게 했다. 잠시 쉬는 틈에 잡담할 수 있는 그 시간에도 며칠 전 정리한 찬장을 요리조리 다시 정리를 하고, 누구라도 쉽게 볼 수 있도록 레시피를 잘 챙겨두기도 했다.

이렇게 아름다운 사람들과 함께하는 카페는 행복의 공간이다. 나는 대표로서 이 행복의 공간을 위해 화장실 청소와 쓰레기 비우기를 자청했다. 지저분하지만 즐거운 일이다.

어느 날 문득 소름이 끼쳤다. 내가 꾸던 꿈이 아니 주문처럼 읊던 모든 것이 이루어졌다는 것을 깨달은 순간이었다. 삼십여 년 전 세 딸들을 무릎 위에 앉히고 들려주던 엄마의 꿈 이야기들이 눈앞에 현실로 다가온 것이다. 아주 오래전 오십이 넘은 후에 세 딸과 하고 싶었던 웨딩 일이 올해 현실로 펼쳐졌다. 십몇 년 전 소원이었던, '나도 모르는 사이에 공과금이 연체 없이 술술 나가는 일'도 이루어졌다.

열심히 살아낸 것 외에 특별히 손쓴 것도 없는데 말이다.

새해 새로운 계획과 꿈 이야기를 나누던 중 큰딸 하나에게 예상치 못한 꿈 이야기를 들었다. 자기의 꿈은 '동기부여 강사'의 꿈을 버리지 않는 엄마의 수석 매니저가 되는 것이란다. 그렇게 엄마의 수족으로 일하는 것이란다. 나는 대번에 이렇게 대꾸했다.

"고맙다. 계약하자."

우리는 나란히 웃었다.

하나는 더 나아가 불우 청소년을 위한 동기부여 센터를 만들어 그들이 꿈꿀 수 있도록 무료로 운영하자는 제안을 했다. 내가 생각지 못한 일을 하나는 자기의 꿈으로 설정한 뒤 나의 꿈으로 만들어준 것이다. 가슴이 뛰었다. 육십이 되고 방황한 2년이라는 시간이 오히려 약이 된 느낌이었다. 그 시간이 있었기에 꿈꾸는 오늘이 있는 게 아닐까 생각했다. 세상의 모든 것은 부메랑이 되어 되돌아오는 것 같다. 때론 아프게, 때론 가슴 뛰게.

그 시간이 있었기에
꿈꾸는 오늘이 있는 게 아닐까 생각했다.
세상의 모든 것은 부메랑이 되어 되돌아오는 것 같다.
때론 아프게, 때론 가슴 뛰게.

세 번째 스무 살의 다짐

왜 사는지 스스로에게 물어볼 여유도 없이 그렇게 시간이 흘러 벌써 세 번째 스무 살이 되었다. 예순. 다들 그저 그렇게 살아가는 것 같은데, 나만 유난스럽게 뭘 하다 이렇게 나이만 들었는지 의문을 품고 있는 것 같다.

내 엄마의 세 번째 스무 살을 떠올려본다. 엄마의 평생 직업은 남편과 자식들 뒷바라지였다. 엄마는 나이가 들어 두 오빠를 멀리 두고, 딸인 나와 막내인 남동생을 지척에 두고 살았다. 쩌렁거리던 아버지의 위상은 오십대 후반 중풍으로 날개 꺾인 종이호랑이가 되었다. 노후 준비라고는 자식에게 투자한 것이 전부인 우리 부모님. 가까이 살고 맞벌이를 하는 내가 부모님의 생활을 거의 책임졌다. 대신 엄마의 하루는 거동이 불편한 아버지와 나의 세 딸들이 몽땅 빼앗았다. 나는 엄마의 빼앗긴 하루를 물질로 보상했다. 가령 엄마 입에서 "권사님 입고 오신 코트가 색깔이 참 예쁘더라." 같은 말이 나오면,

다음 날 엄마 손에 어김없이 그 옷을 들려 드렸다. 이렇게 물질로 엄마를 굴복시키고 나는 편안한 사회생활을 보장받았다.

가끔씩 엄마는 기차 타고 멀리 여행을 떠나고 싶다고 했다.

"어디 가고 싶은데요?"

내가 이렇게 물으면 엄마는 딱히 가고 싶은 곳을 대지도 않았다. 그저 이렇게만 대답했다.

"그냥 하염없이 멀리멀리 가고 싶다."

맘 편히 여행을 다닐 처지도 아니기에 나도 더는 묻지 않았다. 그때 나는 엄마가 기차를 타고 어디를 가고 싶어 했는지 왜 몰랐을까. 지금은 엄마가 어디를 가고 싶어 했는지 알 것만 같다. 그저 멀리 가고 싶었던 것뿐이다. 나도 기차를 타고 멀리멀리 여행을 하고 싶다. 그 시절 엄마의 마음이 내 마음이다.

나이 든다는 것. 그리 나쁜 것만은 아니라고 자위하고 살았다. 반듯한 세 딸과 바꾼 듯한 내 삶은 자랑스럽기까지 했다. 어떤 일이든 엄마의 의견을 물어주는 딸들이 고맙다. 딸들 덕분에 아직은 나의 존재가 쓸모 있다고 생각하며 살아가고 있는 것 같다.

어쩌다 아낙들 많이 모이는 시간 사우나에 가면 너나할 것 없이 훈장처럼 귀걸이, 목걸이, 팔찌, 발찌까지 휘황찬란하게 전시를 하고 앉아 있다. 허전한 나의 육신이 사우나의 필수 조건을 갖추지 않은 것 같아 피식 웃음이 난다.

사실 별 특별할 것 없는 이야기 같은데, 욕탕 안은 경쟁하듯 언성이 높아진다. 누군가는 어머니처럼 일행을 위로하기도 한다. 때론 어느 한 사람을 같이 미워도 해주고, 삶은 계란으로 언니의 위상을 세우고, 박카스로 아우의 의리를 유지한다. 나이 든 사람들은 마치 다 이렇게 사는 듯, 아니 살아가야 하는 듯하다. 내가 모르는 세상 같다. 그 세상 속에서 재미있는 일상을 보내며 내일을 기약하는 그들이 일면 부럽기도 하다.

한 가지 정말 좋은 점이 있다. 그들에게서 일상의 모든 잡다한 소식을 들을 수 있다는 것이다. 이야기 속으로 들어가지도 나가지도 못하는 나는 어정쩡하게 욕탕 속으로 몸을 숨기고 말지만.

내 어머니가 나이 드셔서 내게 의탁하신 시간이 6년쯤 된다. 나를 비롯한 딸들의 삶은 학교며 직장이며 바쁘게 움직이는 삶이었다. 반면 엄마의 삶은 하루 종일 우리들이 귀가하기만을 기다리는 삶이었다. 엄마의 기다리는 시간은 얼마나 더디 갔을까. 엄마의 삶은 사우나 속의 삶과 크게 다를 바 없었다. 파김치가 되어 돌아온 내게 엄마는 사우나에 모인 노인네들처럼 하루 종일 닫아뒀던 모든 이야깃거리를 여과 없이 쏟아놓으셨다. 그 양도 엄청 많았다.

경제적으로 여유로웠을 때는 어머니의 투정을 해결해 주는 일이 내 능력을 증명하는 일이기라도 한 듯 시원하게 해결해 드렸다. 그러나 하루 종일 일에 시달리고, 내일 막아야 할 과제가 한가득이라 여유라곤 정말 눈곱만큼도 없던 시절, 내게 엄마의 투정을 해결할 능력은 없었다. 엄마의 이야기는 내 입을 점점 더 닫게 만들었다. 예전처럼 예쁜 코트를 사달라는 말도 아니었는데 말이다.

"오늘 다리가 아팠다.", "요즘 관절이 안 좋아.", "약이 맞지 않는지 소화가 잘 안 되네." 이렇게 내 관심을 받고 싶다는 내용뿐이었다. 나이 든 사람의 자연스러운 표현일진데, 지쳐 있던 나는 그 표현을 받아줄 여력이 없었다. 어쩔 수 없이 나는 점점 과묵한 딸로 변해갔다.

"외할머니 살아계실 때 엄마는 말대꾸 한번 안 했다."

언젠가 나는 딸들에게 이렇게 자랑삼아 이야기한 적이 있었다. 지금 생각하면 가슴 뜨끔하다. 정말 나는 착하고 예의 바른 딸이어서 그랬을까. 엄마를 무시하고 싶어서 그랬을까. 그냥 나는 엄마가 외로우니까 엄마의 이야기를 묵묵히 들어 주는 딸이었던 것 같다. 그런 날 엄마는 친구로 착각했던 것 같다. 엄마가 이해된다. 나도 가끔은 그런 착각을 하면서 살아가니 말이다.

세 번째 스무 살, '오늘'은 살아갈 날 중에 제일 첫날이라고 했던가. 쓸데없는 이야기를 고장난 기계처럼 반복하지 말자. 어디가 아프고 저기가 이상하다는 말은 하지 말자. 어느 병원이 어떻고, 무슨 한의원이 용하고, 내게만 귀한 정보를 딸들에겐 입력하지 않으리라. 이렇게 두 번 세 번 다짐해본다. 얼마나 오랫동안 유효한 다짐이 될지는 모르겠지만.

엄마, 꽃구경 가요

어머니 꽃구경 가요

제 등에 업히어 꽃구경 가요

세상이 온통 꽃핀 봄날 어머니는 좋아라고

아들 등에 업혔네

(……)

구성진 목소리로 읊어지는 노랫가락. 장사익의 〈엄마, 꽃구경 가요〉 이 노랫가락에 누구든 잊고 살던 엄마를 아니 잊힌 엄마까지 소환해 가며 엄마를 떠올렸을 법하다. 왜 신은 엄마를 이렇게 만들었을까.

아침, 등굣길. 학교 가기 싫어하는 아이와 제 시간에 보내려는 엄마의 실랑이가 벌어진다. 떼쓰는 아이에게 엄마는 회유와 협박을 반복한다. 그리고 대문을 쾅 닫는 순간 승리의 기쁨을 만끽하며 아이가 없는 동안 주어질 휴식시간을 위한 달콤한 계획을 짠다. 이러한 모습이 보편적인 가정의 모습이리라.

나의 아침은 보편적인 가정의 모습과 조금 달랐다. 직장을 다녔던 나는 아침 일찍 가까이 사는 친정엄마를 모시고 오는 일로 하루를 시작했다. 나의 일방적인 편의를 위해서 엄마를 지척에 이사를 시킨 것이다. 엄마는 한마디 불평도 안 한 채 몸이 불편하신 아버지를 위해 이른 아침을 챙긴 후, 출근하듯 나의 집으로 오셨다. 엄마의 도착과 동시에 세 딸은 당연한 듯 엄마에게 머리를 맡기고, 그날 입을 옷을 상의한다. 속전속결로 준비를 하고 한 차 가득 아이들을 싣고 학교로 향한다. 학교 앞에 도착하면 십 년 이별할 듯 우리의 긴 이별의식이 치러진다. 그러다가 지각이 두려워 굵어진 나의 목소리에 아이들은 미끄러지듯 학교 안으로 사라진다. 그러나 한 블록도 가지 못해 핸드폰이 울린다.

"엄마, 죄송한데요. 차에 가방을 두고 내렸어요."

전화의 주인공은 대부분 두나였다.

긴 병수발을 하신 엄마가 늘 안쓰러웠던 나는 아버지와의 이별이 엄마를 위해서 다행이라고 생각했다. 그동안 어디든 맘 편히 다니지 못한 엄마가, 가고 싶었던 그 어떤 곳이라도 훨훨 다니게 해 드리고 싶었다. 하지만 내 바람과는 달리 아버지가 가시고 얼마 지나지 않아 엄마는 병원 가실 일이 잦아졌다. 이런 세상이 정말 이해가 가지 않왔다. 아버지가 없어 이제 좀 편안해질 줄 알았는데, 이곳저곳 구멍이 숭숭 난 몸이 엄마를 기다리고 있었다. 세 번의 뇌졸중, 파킨슨병이 엄마와 함께 동거를 시작했다. 대상포진까지 친구 하자고 찾아와 병원에 입원하고 계신 엄마를 병실에서 매정하게 쓰러뜨렸다. 다행히 병원에서 쓰러진 터라 골든타임을 놓치지 않을 수 있었지만, 이제 엄마는 어제 만난 그 엄마가 아니었다. 말은 어눌했고 혼자서는 거동이 되지 않았다.

엄마를 안건으로 세 며느님의 긴급회의가 시작됐다. 환경 좋은 요양병원으로 모시자는 결론이 났다. 이건 아닌 것 같았다. 적어도 내 입장에서는 말이다. 삼십 년 가까이 엄마와 함께 살지 않았던 며느리 입장에선 당연히 이성적인 판단을 앞세우겠지만, 사십여 년 가까이 지지고 볶고 엄마 곁에서 산 나로서는 육체만 불편할 뿐 정신이 온전한 엄마를 도저히 보낼 수가 없었다. 올케들의 양해를 얻어 두어 달이라도 엄마를 내 손으로 모셔야겠다고 생각했다. 내 딸들이 갑자기 이렇게 수족을 못 쓴다고 상상해 봤다. 난 모든 것을 팽개치고 딸들에게 매달릴 게 분명했다. 어쩌면 두어 달 엄마를 수발하며 그간의 미안함을 상쇄하고 싶었는지도 모른다. 어쨌든 그대로 요양병원에 보낼 수는 없었다.

엄마의 대소변을 받아내길 6개월, 슬슬 지쳐가고 있을 즈음 엄마는 조금씩 조금씩 나아지고 계셨다. 내가 지쳐 혹시 외할머니를 요양원에 보낼까, 세 딸들은 순번을 정해가며 일찍 귀가해 외할머니를 돌봤다. 새벽녘 개미 소리만 하게 화장실을 가고 싶다는 외할머니 목소리를 나보다 먼저 듣고, 용수철처럼 튕기듯 몸을 일으켜 외할머니의 수족이 되어주었다. 때로는 외할머니의 친구도 되어 주었다.

어느 날, 아침 첫 번째로 강의하는 날이었다. 새벽녘 침대 발밑까지 기어 오신 엄마가 다급하지만 조심스럽게 내 발을 만졌다.

"엄마, 왜?"

놀라 일어난 내게 엄마는 화장실의 다급함을 손짓으로 알렸다. 서둘렀지만, 화장실에 채 도착하기 전 엄마는 내 손에 선물을 한가득 안겼다. 깔끔하기로 소문이 자자했던 우리 엄마, 무안함과 미안함이 얼굴에 가득 찼다. 한가득했다. 나는 뒤처리에 울고 싶었지만 애써 농담을 건넸다.

"엄마, 세상에 진짜 공짜 없는 것 같애. 엄마가 우리 애들 셋 다 키워줘서 늘 고마워했는데, 나 이제 다 갚았어. 빚 없어, 나."

"그래, 다 갚고도 남았지."

똥싸개 엄마라고 놀리면서 그 새벽의 난리를 정리했다.

최선을 다해 엄마가 그리 그립지 않다고 자부하던 내가 오늘 하염없이 눈물을 흘린다. 이 밤, 한없이 엄마가 그립고 보고 싶다.

"엄마!"

끝맺는 말

아무런 준비도 하지 않은 채 나이 스물다섯에 엄마가 되고 어른이 되었다. 직장 맘으로서 세 딸의 엄마 노릇은 그냥 엄마놀이에 불과했다. 직장 생활도 육아도 잘하고 싶다는 욕심이 점점 날 지치게 만들었다. 내게도 아이들에게도 제대로 하고 있는지 의문이 들었다. 내 아이에게만큼은 나의 전철을 밟게 하고 싶지 않았다. 그래서 이루지 못한 나의 꿈 이야기를 들려주며 함께 꿈꾸는 놀이를 이어갔다. 대부분의 엄마들은 자녀가 자기보다는 나은 삶을 살기를 기대하지만, 자녀가 꿈을 어떻게 만들어 가는지에 대해서는 함께 고민하지 않는 것 같다. 나도 그 고민이 부족했다. 하지만 아이들의 꿈을 지켜주는 작은 노력이 모여 나를 드림맘으로 변화시켰다.

나는 아이가 자라는 모습에서 내 모습을 보게 되었고, 내 모습을 찾아내면서 아이의 양육 방향을 잡아 나갔다. 부족했고 갈증이 심했던 내 어린 시절, 그때 내가 그토록 원했던 부분이 현재의 아이에게 필요한 부분이라 느껴져 그것으로 아이의 부족한 부분을 메워주곤 했다. 또한 아이가 작은 몸짓으로 보내오는 신호를 놓치지 않으려 애썼고, 아이가 범하는 실수를 변화할 수 있는 계기로 삼아 주려 애썼다.

나는 특별히 공부를 잘하지 못했다. 고등학교를 졸업할 때까지 무엇을 해야 하고, 어떤 사람이 되어야 할지 생각해 보지도 못했다. 유난히 공부 잘하는 두 오빠를 보며 대리 만족하면서 살아왔지만, 결혼하고 아이를 낳은 후 내 속에 잠재된 욕구가 점점 커져가고 있음을 깨달았다. 적어도 우리 아이들에게는 자기 미래를 상상할 수 있고, 꿈꿀 수 있도록 해주어야겠다는 생각을 한 것이다.

나만의 자녀 교육법이 맞는 것인지 늘 불안했는데, 세 딸들 모두 잘 성장해주었다. 딸들을 담보로, 내 교육법이 결코 잘못되지 않았음을 감히 말하고 싶다. 되돌아보면 나만 아이들을 키운 것이 아니다. 아이들도 나를 키웠다. 딸들과 나는 함께 성장했다. 많은 엄마들이 엄마라는 이름을 처음 갖게 될 무렵엔 과거의 나처럼 어떻게 해야 할지 몰라 어리둥절한 상황에 놓일 것이다. 당황할 것 없다. 많이 귀 기울여주고, 흔들리지 않고 믿어주고, 공감해주기만 해도 아이들은 기대 이상으로 성장한다. 나는 엄마들에게 이 말을 꼭 해주고 싶었다. 그 바람이 한 권의 책으로 열매를 맺었다.

세 아이를 키우며 일을 하는 엄마에게는 하루하루가 전쟁 그 자체이다. 다행히 여자아이 셋이라 그나마 덜 힘들었던 건 부인할 수 없다. 그래도 세 아이마다 갖고 있는 특성과 개성은 나를 당황하게 만들기에 충분했다. 그러나 나를 성장하게 만들어주기도 했다. 아이를 키우면서 한 가지 분명히 했던 것은 나만의 기준점을 가지고 있었다는 것이다. '각자가 존중받는 아이, 엄마도 존중받을 수 있는 사람'이란 것이 나의 기준이었다.

일을 하며 자녀를 키우는 워킹맘이 많다. 일과 자녀교육, 두 마리 토끼를 잡으려 하지만 잘되지 않는 것이 현실이다. 특히 경제 상황이 어렵기 때문에 예기치 않은 시련을 겪는 엄마도 많다. 경제적인 어려움에 처하면 자칫 자녀가 뒷전이 될 수도 있다. 그런 위험에 처한 엄마들에게 부끄럽지만 이 책을 권한다. 이 책이 안개 속에 있는 많은 엄마들에게 길을 보여주리라 기대한다. 워킹맘보다 드림맘이 되어야 한다. 살아 있는 나의 경험에서 나온 자녀교육서이므로 적잖은 도움이 될 것이다. 세 딸을 키우며 직접 겪은 경험이 녹아 있기에 화려한 이론보다는 훨씬 쉽고 정감 있게 다가올 것이다. 공감할 수 있으리라 믿는다.

엄마란 존재는 중요한 존재이다. 그러므로 당연히 힘을 내야 한다. 하지만 엄마이기 전에 한 사람의 여자이다. 이 책을 읽으면서 여자로서의 자신도 중요한 존재라는 것을 느낄 수 있을 것이다.

좌충우돌 세 아이를 키웠지만, 세 아이 모두 서른이 넘어 이젠 어엿이 자기 몫을 해내는 사회인으로 성장했다. 이 학원, 저 학원 휘둘리지 않고 나름 세워 놓은 원칙에 따라 최선을 다해 아이들을 키우긴 했지만, 잘하고 있는 것인지 자신은 없었다. 딸들이 성장하는 동안 '이런 내 방식이 정말 옳은 걸까' 수없이 의문을 품었던 게 사실이다.

겁도 났었다. 그런 우려를 딸들이 지워주었다. 엄마의 방식이 맞았다는 것을 어른이 되어서 입증해주었다. 지금 세 아이 모두 사회에 나가 각자의 위치에서 잘해나가는 모습을 보면 입증하고도 남았다. 딸들은 감히 이 세상에 나의 양육 이야기를 들려주어도 괜찮다는 용기를 품게 만들었다.

세상의 변화 속도가 점점 빨라지고 있다. 때문에 아이나 엄마나 정보의 홍수 속에 갈피를 못 잡고 결과를 내는 것에만 집중하는 경우가 많아지고 있다. 기준이 있어야 갈팡질팡하지 않는다. 필자가 생각하는 기준은 다음과 같다.

'어떻게 하면 아이가 행복한 삶을 살 수 있을까?'

물론 지금 육아를 하는 엄마들에게는 이런 이상적인 말보다 현실적인 조건이 더 다급하게 느껴질 것이다. 하지만 아이이게 그런 좋은 환경을 마련해 주기 위해 동분서주하느라 바쁜 워킹맘보다 드림맘이 더 좋은 결실을 맺을 수 있다. 나와 세 딸이 가장 확실한 증거이기 때문이다.

이제 나의 경험을 넘어 여러분의 동의를 얻고 싶다. 그리고 이 책을 통해 아이를 잘 키우는 방법을 함께 찾아갔으면 좋겠다.

워킹맘이 아닙니다
드림맘입니다

초판 1쇄 인쇄 _ 2020년 4월 5일
초판 1쇄 발행 _ 2020년 4월 10일

지은이 _ 윤명숙

펴낸곳 _ 바이북스
펴낸이 _ 윤옥초
책임 편집 _ 김태윤
책임 디자인 _ 이민영

ISBN _ 979-11-5877-160-7 03370

등록 _ 2005. 7. 12 | 제 313-2005-000148호

서울시 영등포구 선유로49길 23 아이에스비즈타워2차 1005호
편집 02)333-0812 | 마케팅 02)333-9918 | 팩스 02)333-9960
이메일 postmaster@bybooks.co.kr
홈페이지 www.bybooks.co.kr

책값은 뒤표지에 있습니다.
책으로 아름다운 세상을 만듭니다. — 바이북스